Acidentes ambientais e planos de contingência

Henrique Chupil

Acidentes ambientais e planos de contingência

EDITORA
intersaberes

EDITORA intersaberes

Rua Clara Vendramin, 58 . Mossunguê
Cep 81200-170 . Curitiba . PR . Brasil
Fone: (41) 2106-4170
www.intersaberes.com
editora@editoraintersaberes.com.br

Conselho editorial
Dr. Ivo José Both (presidente)
Drª. Elena Godoy
Dr. Nelson Luís Dias
Dr. Neri dos Santos
Dr. Ulf Gregor Baranow

Editora-chefe
Lindsay Azambuja

Supervisora editorial
Ariadne Nunes Wenger

Analista editorial
Ariel Martins

Capa / Projeto gráfico
Roberto Querido

1ª edição, 2014.
Foi feito o depósito legal.
Informamos que é de inteira responsabilidade do autor a emissão de conceitos.
Nenhuma parte desta publicação poderá ser reproduzida por qualquer meio ou forma sem a prévia autorização da Editora InterSaberes.
A violação dos direitos autorais é crime estabelecido na Lei n. 9.610/1998 e punido pelo art. 184 do Código Penal.

Dados Internacionais de Catalogação na Publicação (CIP)
(Câmara Brasileira do Livro, SP, Brasil)

Chupil, Henrique
　　Acidentes ambientais e planos de contingência/Henrique Chupil. – Curitiba: InterSaberes, 2014.

　　Bibliografia.
　　ISBN 978-85-8212-978-4

　　1. Acidentes – Prevenção 2. Gestão ambiental 3. Meio ambiente – acidentes I. Título.

14-01637　　　　　　　　　　　　　　　　CDD-658.382

Índices para catálogo sistemático:
1. Acidentes ambientais: Prevenção: Administração de empresas 658.382

SUMÁRIO

Apresentação, 7
Como aproveitar ao máximo este livro, 9

capítulo 1 **Ecologia: conceitos e aplicações, 11**
- 1.1 A ecologia, 12
- 1.2 Diversidade biológica, 18
- 1.3 Ameaças à diversidade biológica, 19

capítulo 2 **Acidentes ambientais, 27**
- 2.1 Histórico, 28
- 2.2 Gerenciamento de riscos, 31
- 2.3 Poluição ambiental, 32
- 2.4 Exemplos de acidentes ambientais, 34

capítulo 3 **Histórico de acidentes ambientais no Brasil, legislação e programas internacionais, 43**
- 3.1 Tipos de acidentes ambientais, 44
- 3.2 Petróleo, 50
- 3.3 Acidentes ambientais de grande impacto ocorridos no Brasil, 51
- 3.4 Histórico de naufrágios e evolução da legislação internacional, 53
- 3.5 Legislação brasileira, 55

capítulo 4 **Planos de Emergência Individuais e Análise Preliminar de Risco, 61**
- 4.1 Planos de Emergência Individuais (PEIs), 62
- 4.2 Análise Preliminar de Risco (APR), 69

capítulo 5 **Análise de risco, 77**
- 5.1 Análise de Perigo e Operabilidade (*HazOp*), 78
- 5.2 Análise de Modos de Falhas e Efeitos (Amfe), 84
- 5.3 Árvore de falhas, 91

capítulo 6 **Ecossistemas, 97**
- 6.1 Definição de *ecossistema*, 98
- 6.2 Ecossistemas marinhos, 99
- 6.3 Ecossistemas limícolas, 114

- 6.4 Ecossistemas terrestres, 122
- 6.5 Procedimentos utilizados na limpeza de ambientes, 126
- 6.6 Gerenciamento de resíduos, 130

capítulo 7 **Organismos, 137**
- 7.1 Algas, 138
- 7.2 Embryophytas, 143
- 7.3 Zooplâncton, 149
- 7.4 Invertebrados, 150
- 7.5 Peixes, 151
- 7.6 Anfíbios, 152
- 7.7 Répteis, 153
- 7.8 Aves, 154
- 7.9 Mamíferos, 156
- 7.10 Procedimentos para reabilitação de animais contaminados por óleo, 159

Para concluir..., 163
Glossário, 167
Referências, 169
Respostas, 177
Apêndices, 183
Sobre o autor, 189

APRESENTAÇÃO

Para iniciar o estudo sobre os acidentes ambientais e compreendê-lo em seu contexto, devemos nos remeter ao passado, ao início de tudo, àquele que talvez seja o principal passo da história evolutiva humana: a descoberta do fogo. Inicialmente, esse elemento era utilizado apenas quando fornecido pela própria natureza por meio de descargas elétricas naturais. Mais tarde, o homem primitivo desenvolveu a habilidade de gerá-lo na medida de sua necessidade. Com isso, ele pôde aquecer-se nos períodos mais frios, cozinhar alimentos, afastar potenciais predadores e confeccionar ferramentas.

Com o passar do tempo e com o aprimoramento de novas técnicas, o homem passou a domesticar animais e plantas, desenvolvendo a agricultura e a pecuária, e assim foi capaz de abandonar o antigo modo nômade para se estabelecer em determinadas regiões, tendo a garantia de alimentos sempre disponíveis, o que possibilitou o surgimento dos primeiros povoados, que deram origem às primeiras cidades.

Portanto, a partir do momento em que as tribos passaram a viver em locais estabelecidos, elas deixaram de depender exclusivamente da coleta para obtenção de seus recursos, além de não estarem mais tão expostas a potenciais predadores e apresentarem avanços quanto à confecção de ferramentas mais elaboradas, que poderiam auxiliar na adequação do ambiente em seu benefício. Por fim, todos esses atores somados culminaram no aumento gradativo das populações humanas. Agora, o leitor deve estar se perguntando: O que tudo isso tem a ver com o assunto abordado neste livro?

Para responder a essa pergunta, basta pensarmos na soma dos fatores citados anteriormente, em especial no aumento populacional. Paralelamente a esse aumento, os recursos naturais passaram a ser explorados para atender à demanda populacional em crescimento, dando início a todo o processo de degradação ambiental que se estende até a atualidade.

Um bom exemplo disso ocorreu por volta de 10 mil anos atrás, no fim do Pleistoceno, quando se deu a extinção dos grandes mamíferos, como os tigres-dentes-de-sabre, os mamutes e as preguiças-gigantes, cuja causa está ligada ao desenvolvimento das populações humanas, que gerou uma forte pressão de caça (Martin; Klein, 1984).

Portanto, a partir do momento em que o homem passou a explorar de maneira intensiva e descontrolada os recursos naturais para suprir sua demanda, espécies foram sendo extintas, e ecossistemas, dizimados. Vale ressaltar que extinções sempre ocorreram de forma natural na história do planeta, mas nunca de maneira tão intensa e influenciada por apenas uma espécie, como ocorre nos dias atuais. Diante disso, cabe a todos refletir e olhar para a nossa realidade e para toda a problemática global que envolve o avanço tecnológico e populacional, de modo a criar alternativas para tentar frear a degradação ambiental. Caso não o façamos, poderemos vir a pagar (ou já estamos pagando) um preço consideravelmente alto pela nossa falta de consciência.

Este livro foi elaborado pensando nos diversos problemas decorrentes das ações humanas, sendo destinado a todos os profissionais da área ambiental e a pessoas interessadas nos fatores ligados às ações antrópicas que degradam o meio ambiente.

A obra reúne informações referentes aos seguintes temas:

» conceitos ecológicos básicos necessários para uma melhor compreensão dos efeitos de um acidente ambiental nos ecossistemas;
» o que e quais são os tipos de acidentes ambientais nos contextos nacional e mundial;
» histórico dos principais acidentes ambientais;
» noções básicas de legislação, tratados e órgãos fiscalizadores;
» elaboração de Planos de Emergência Individuais (PEIs);
» análise de riscos: Análise Preliminar de Risco (APR), Análise de Modos de Falhas e Efeitos (Amfe), Análise de Perigo e Operabilidade (*HazOp*) e árvores de falhas;
» principais ecossistemas atingidos, planos de contenção e monitoramento;
» impactos sobre organismos, populações e comunidades.

A teoria é apoiada por fotos, figuras, tabelas, esquemas e exemplos práticos que ajudam na compreensão do tema. Para auxiliar na reflexão e na fixação dos conteúdos, ao fim de cada capítulo são disponibilizadas questões referentes aos temas abordados.

COMO APROVEITAR AO MÁXIMO ESTE LIVRO

Este livro traz alguns recursos que visam enriquecer o seu aprendizado, facilitar a compreensão dos conteúdos e tornar a leitura mais dinâmica. São ferramentas projetadas de acordo com a natureza dos temas que vamos examinar. Veja a seguir como esses recursos se encontram distribuídos no decorrer desta obra.

Conteúdos do capítulo

CONTEÚDOS DO CAPÍTULO:
» Conceitos ecológicos.
» Complexidade e fragilidade dos ecossistemas.
» Principais ameaças que levam à degradação dos ambientes naturais e à extinção de espécies.

Logo na abertura do capítulo, você fica conhecendo os conteúdos que nele serão abordados.

Após o estudo deste capítulo, você será capaz de:

APÓS O ESTUDO DESTE CAPÍTULO, VOCÊ SERÁ CAPAZ DE:
1. entender o significado dos principais conceitos utilizados em ecologia;
2. relacionar esses conceitos não apenas à teoria, mas principalmente compreendê-los em sua dimensão prática;
3. reconhecer os fatores ecológicos envolvidos nos capítulos que seguem;
4. ter uma ideia da complexidade e da fragilidade que caracterizam os ambientes naturais, utilizando esse conhecimento como um ponto de partida no momento de traçar metas de prevenção, avaliação e controle de possíveis acidentes ambientais.

Você também é informado a respeito das competências que irá desenvolver e dos conhecimentos que irá adquirir com o estudo do capítulo.

Estudo de caso

ESTUDO DE CASO – PESTICIDAS E O FALCÃO-PEREGRINO

O falcão-peregrino (*Falco peregrinus*) é um rapinante de hábitos migratórios com ampla distribuição, estando presente em grande parte do globo. Alimenta-se principalmente de aves que captura em voo - ele chega a atingir impressionantes 270 km/h. Entre os anos de 1950 e 1960, nos Estados Unidos, o uso indiscriminado de pesticidas organoclorados (DDT e *dieldrin*) ocasionou a contaminação do ambiente, e pequenas quantidades desses elementos foram se acumulando nos tecidos de aves e pequenos mamíferos, porém sem chegar a matá-los. Já para o seu principal predador, o falcão-peregrino, a ação desses pesticidas ou era letal ou afetava a sua reprodução, graças ao acúmulo dessas substâncias, fruto da ingestão de várias presas contaminadas.
Os elementos organoclorados ocasionavam diminuição no teor de cálcio na casca dos ovos, o que impossibilitava o

Esta seção traz ao seu conhecimento situações que vão aproximar os conteúdos estudados de sua prática profissional.

Síntese

Você dispõe, ao final do capítulo, de uma síntese que traz os principais conceitos nele abordados.

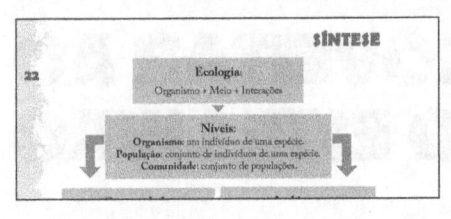

Questões para revisão

Com estas atividades, você tem a possibilidade de rever os principais conceitos analisados. Ao final do livro, o autor disponibiliza as respostas às questões, a fim de que você possa verificar como está sua aprendizagem.

Questões para reflexão

Nesta seção, a proposta é levá-lo a refletir criticamente sobre alguns assuntos e trocar ideias e experiências com seus pares.

Para saber mais

Você pode consultar as obras indicadas nesta seção para aprofundar sua aprendizagem.

CAPÍTULO 1 ECOLOGIA: CONCEITOS E APLICAÇÕES

Qualquer análise que envolva assuntos ambientais inevitavelmente aborda questões ecológicas. Diante disso, ter uma noção do quanto são complexos e delicados os ecossistemas, bem como quais são os processos que os regem, é fundamental para que tenhamos uma visão mais abrangente e, assim, não nos restrinjamos ao contexto logístico e mecânico das ações humanas. Isso tudo se torna ainda mais evidente quando se trata de acidentes ambientais, pois cabe ao profissional não apenas pensar em ações de prevenção e monitoramento, mas também em como agir após um acidente e identificar os malefícios gerados pela emissão de determinado poluente no meio ambiente.

Partindo desse princípio, inicialmente é essencial que compreendamos o que é ecologia, em todos os seus principais níveis de organização (organismo, população e comunidade), e, consequentemente, quais são os fatores e mecanismos que tornam cada um desses níveis interligados entre si e com o ambiente onde estão inseridos. Por fim, ao compreender esses pontos e ao somar os diferentes fatores que colocam em risco a diversidade de espécies e de ecossistemas, já será possível avaliar de maneira mais sensata o nível de ameaça a que dado local está exposto diante da iminência de algum tipo de acidente.

CONTEÚDOS DO CAPÍTULO:

» Conceitos ecológicos.
» Complexidade e fragilidade dos ecossistemas.
» Principais ameaças que levam à degradação dos ambientes naturais e à extinção de espécies.

**APÓS O ESTUDO DESTE CAPÍTULO,
VOCÊ SERÁ CAPAZ DE:**

1. entender o significado dos principais conceitos utilizados em ecologia;
2. relacionar esses conceitos não apenas à teoria, mas principalmente compreendê-los em sua dimensão prática;
3. reconhecer os fatores ecológicos envolvidos nos capítulos que seguem;
4. ter uma ideia da complexidade e da fragilidade que caracterizam os ambientes naturais, utilizando esse conhecimento como um ponto de partida no momento de traçar metas de prevenção, avaliação e controle de possíveis acidentes ambientais.

1.1 A ecologia

O termo *ecologia* foi utilizado pela primeira vez em 1869 pelo naturalista alemão Ernest Haeckel, que, entre outros, foi um evolucionista que ajudou a divulgar as teorias propostas por Charles Darwin. Segundo o autor, o vocábulo designa o conjunto de interações dos organismos entre si e destes com o meio ambiente.

A palavra *ecologia* deriva do grego *oikos*, que significa "casa", e *logos*, que significa "estudo". *Ecologia* é, portanto, o "estudo da casa" dos seres vivos. O termo *casa* refere-se ao ambiente em questão. Uma definição mais elaborada foi proposta por Charles J. Krebs em 1972; a ecologia seria "o estudo científico das interações que determinam a distribuição e a abundância dos organismos". As definições atuais utilizadas para o termo correspondem à soma dessas ideias, ficando a cargo do leitor escolher qual lhe é mais conveniente:

» "Ecologia é o estudo do ambiente (casa), incluindo todos os organismos contidos nele e os processos funcionais que o tornam habitável" (Odum, 1988, p. 1).
» "Ecologia é o estudo científico da distribuição e abundância dos organismos e das interações que as determinam" (Begon; Townsend; Harper, 2007, p. IX-X).
» "Ecologia é a ciência pela qual se estuda (além da 'casa') como os organismos interagem entre si e com o meio natural" (Ricklefs, 2010, p. 2).

A ecologia abrange três grandes níveis de organização (Figura 1.1): **organismo** (um ser individual), **população** (formada por um conjunto de organismos da mesma espécie) e **comunidade** (constituída por um conjunto de populações) (Begon; Townsend; Harper, 2007, p. IX).

Figura 1.1 – Níveis de organização dentro da ecologia

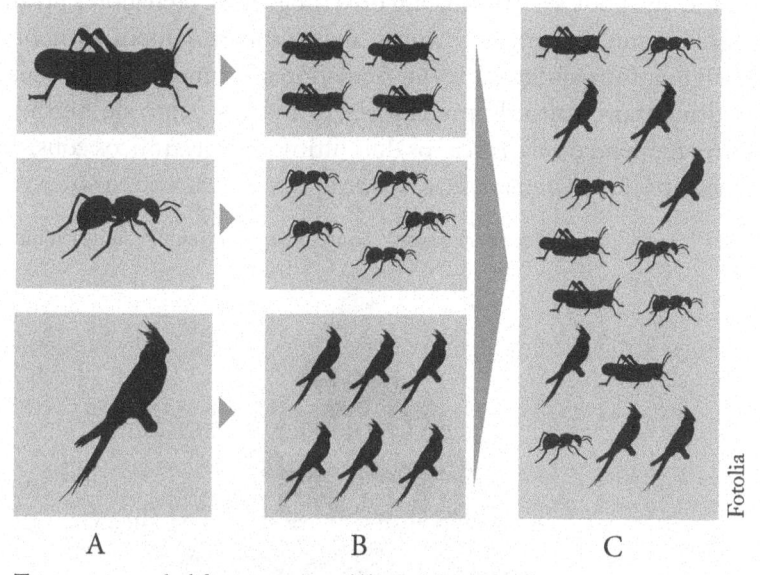

A B C

Nota: Três organismos de diferentes espécies (A) que fazem parte de três diferentes populações (B) e que juntas formam a comunidade (C).

Segundo Begon, Townsend e Harper (2007), em relação ao organismo, a ecologia dá ênfase à identificação das formas como ele afeta e é afetado pelo meio em que vive. Já em relação à população, soma-se ao fato citado anteriormente a dinâmica da espécie em questão, incluindo alterações no número de indivíduos e os fatores que as regem. Em relação à comunidade, trata de sua composição e organização, sendo, portanto, uma abordagem mais ampla e complexa, pois inclui, além das relações existentes dos organismos entre si, a deles com as demais espécies.

Como as comunidades englobam diferentes espécies que interagem entre si – e sendo a predação a forma mais direta de interação –, quando um indivíduo se alimenta de outro, ocorre uma transferência de energia por meio dos níveis tróficos (Figura 1.2). Esses níveis tróficos, segundo Primack e Rodrigues (2006), englobam inicialmente as espécies fotossintetizantes (produtores primários), que obtêm a energia diretamente do sol necessária para metabolizar as moléculas orgânicas diretamente do Sol. Em seguida, encontram-se os herbívoros (consumidores primários), que obtêm energia alimentando-se das espécies fotossintetizantes. Acima deles estão os consumidores secundários, categoria que pode ser dividida em dois subgrupos: predadores primários (animais que predam herbívoros, mas também podem alimentar-se de alguns fotossintetizantes) e predadores secundários (animais que se alimentam tanto de predadores primários como de herbívoros). Outra maneira de classificar os dois últimos níveis tróficos consiste em denominá-los *consumidores secundários* e *consumidores terciários*.

Figura 1.2 – Disposição dos principais níveis tróficos em uma pirâmide alimentar hipotética

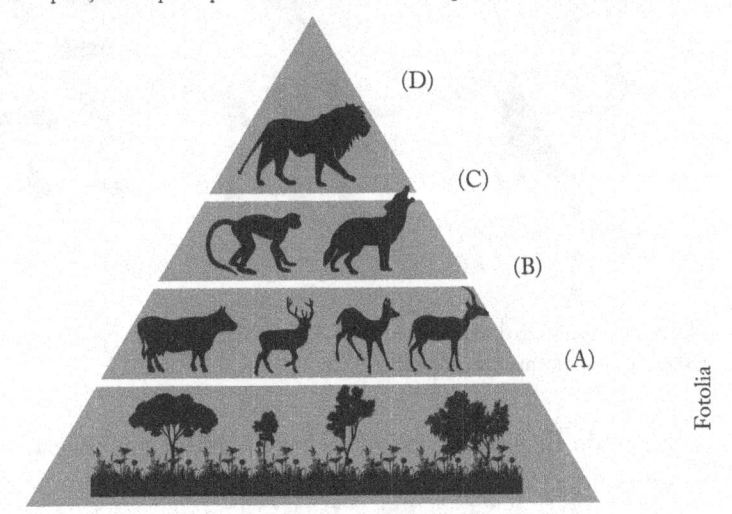

Nota: Produtores (A), consumidores primários (B), consumidores secundários ou predadores primários (C) e consumidores terciários ou predadores secundários (D).

Ainda segundo Primack e Rodrigues (2006), dentro do grupo dos predadores estão inseridos os parasitas, como protozoários, bactérias, vermes e insetos, que podem utilizar como hospedeiros qualquer integrante dos níveis tróficos mostrados anteriormente. Um nível trófico não representado no esquema da Figura 1.2 é o grupo dos decompositores, que se alimentam de dejetos e carcaças de plantas e animais mortos e liberam para o meio ambiente uma série de minerais (nitrogênio, fósforo, entre outros) que se tornam novamente disponíveis para as plantas, fechando um ciclo.

O processo de transferência de nutrientes de um nível para outro se dá graças a uma série de relações alimentares complexas denominadas *teias alimentares* (Figura 1.3), nas quais organismos de diferentes níveis tróficos interagem, um servindo de alimento para outro, seja em vida (predação), seja após a morte (decomposição).

Figura 1.3 – Teia alimentar em um lago hipotético

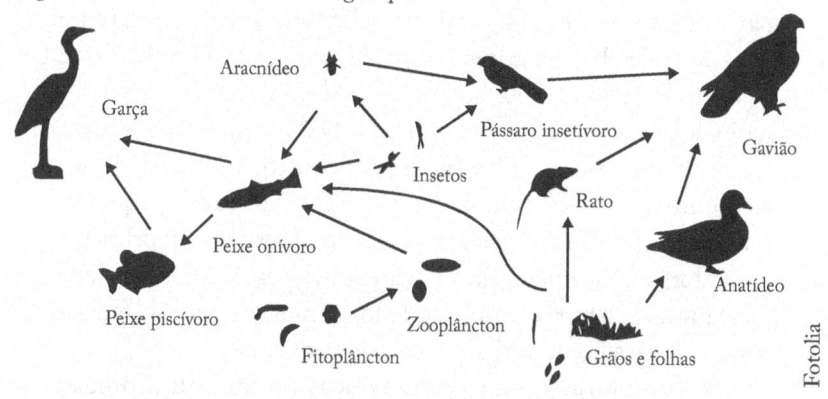

Nota: Nesse exemplo, podemos identificar como produtores o fitoplâncton e as plantas vasculares ("grãos e folhas"). Os consumidores primários são o zooplâncton e o rato. O gavião é o consumidor terciário, e os demais são consumidores secundários. O exemplo mostra um segmento de comunidade com algumas espécies. À medida que mais organismos vão sendo inseridos, aumentam o número de interações e a complexidade do sistema.

Do mesmo modo que os nutrientes fluem entre os organismos à medida que um se alimenta de outro ao longo da teia alimentar, frações daquilo que é absorvido por seus organismos durante suas vidas acabam sendo passadas ao seu potencial predador. Utilizando o exemplo da Figura 1.3: imagine que próximo àquele local exista uma indústria. Agora, imagine que essa indústria libere, por causa de algum acidente, uma substância tóxica no lago e que ela se deposite principalmente próximo à superfície da água. Inicialmente, os organismos contaminados seriam o zooplâncton e o fitoplâncton. No entanto, assim que seus potenciais predadores (os peixes) os ingerissem, o material tóxico absorvido por eles seria passado adiante, do peixe para a garça, que os ingeriria, e assim sucessivamente. Esse exemplo simplificado de **efeito em cascata** é o que ocorre nos acidentes ambientais em que há liberação de substâncias tóxicas no ambiente, mas de maneira muito mais intensa, pois uma teia alimentar pode ser composta por centenas ou até milhares de espécies.

ESTUDO DE CASO – PESTICIDAS E O FALCÃO-PEREGRINO

O falcão-peregrino (*Falco peregrinus*) é um rapinante de hábitos migratórios com ampla distribuição, estando presente em grande parte do globo. Alimenta-se principalmente de aves que captura em voo – ele chega a atingir impressionantes 270 km/h. Entre os anos de 1950 e 1960, nos Estados Unidos, o uso indiscriminado de pesticidas organoclorados (DDT e *dieldrin*) ocasionou a contaminação do ambiente, e pequenas quantidades desses elementos foram se acumulando nos tecidos de aves e pequenos mamíferos, porém sem chegar a matá-los. Já para o seu principal predador, o falcão-peregrino, a ação desses pesticidas ou era letal ou afetava a sua reprodução, graças ao acúmulo dessas substâncias, fruto da ingestão de várias presas contaminadas.

Os elementos organoclorados ocasionavam diminuição no teor de cálcio na casca dos ovos, o que impossibilitava o desenvolvimento dos filhotes. Com isso, em meados do século XX, a população de falcões-peregrinos havia diminuído drasticamente e, se não fossem ações de proteção, reprodução em cativeiro e proibição desse tipo de pesticida, a espécie poderia ter sido extinta. Hoje em dia, a população dessa ave já se encontra estabilizada em grande parte da sua área de ocorrência, mas infelizmente, em alguns países da América Central e da América do Sul, onde estas aves habitam em determinadas épocas do ano, produtos como esses ainda são utilizados, o que ainda pode vir a afetar os níveis populacionais da espécie.

Fonte: ADW, 2013.

Uma comunidade biológica pode ser definida como o conjunto de espécies que ocupam determinada localidade interagindo entre si. Se somarmos a ela o ambiente físico, teremos um ecossistema. Dentro dos ecossistemas existe uma ciclagem constante de elementos essenciais para a sua manutenção, sendo os principais os apresentados a seguir.

» **Ciclo da água:** consiste no constante fluxo de água da hidrosfera para a atmosfera e vice-versa, gerando um ciclo contínuo caracterizado pelas etapas de evaporação (dos meios líquidos e mediante a **evapotranspiração**$^{\infty*}$ nos animais e nas plantas), precipitação (condensação do vapor atmosférico) e escoamento (percurso da água em terra).

» **Ciclo do nitrogênio:** é um dos principais ciclos da natureza. O nitrogênio é um elemento indispensável para a manutenção da vida. No entanto, a maioria dos organismos não consegue fixá-lo, de modo que ele é geralmente transmitido de um organismo para outro pela cadeia alimentar. Ao morrerem, os animais e as plantas se decompõem e formam o **húmus**$^{\infty}$, que, por sua vez, é atacado por bactérias que disponibilizam o nitrogênio para as plantas. O nitrogênio presente na atmosfera é fixado por poucos organismos (bactérias), que incorporam o elemento na cadeia alimentar. Do mesmo modo, algumas bactérias podem devolver o nitrogênio para a atmosfera decompondo os nitratos presentes no solo, frutos da decomposição.

» **Ciclo do carbono:** o carbono apresenta dois grandes reservatórios na natureza: a atmosfera e a crosta terrestre. O ciclo nada mais é do que o fluxo contínuo entre esses dois meios. O gás carbônico presente na atmosfera é fixado pelas plantas. Uma parte volta para a atmosfera pela respiração (CO_2), outra é absorvida pelos animais (C) e uma porcentagem vai para a crosta terrestre como detrito (C). O carbono presente nos animais volta para a atmosfera por meio da respiração (CO_2) ou também constitui detritos (C). Algumas bactérias agem sobre os detritos mediante a fermentação e a respiração, devolvendo para a atmosfera o carbono sob a forma de CO_2.

Além dos ciclos citados, são também de grande importância para a manutenção da vida no planeta os ciclos do magnésio, do fósforo, do enxofre, do oxigênio e do cálcio.

Para além dos fatores químicos, constantes mudanças no ambiente físico – tais como a variação anual de temperatura e a precipitação – podem definir o tipo de vegetação que irá se desenvolver em

---

* O símbolo [∞] indica vocábulos cujas definições encontram-se no glossário desta obra.

determinada região (floresta, campo ou deserto, por exemplo). Com isso, fundamentando-se no meio em que determinada comunidade se desenvolve, podemos identificar três grandes tipos de ecossistemas (Quadro 1.1 – ver Apêndices ao fim desta obra): terrestres, fluviais e marinhos. Dentro de cada um deles encontramos inúmeros ambientes propícios ao desenvolvimento – nascimento, crescimento, reprodução e alimentação – de diferentes organismos adaptados àquelas condições. Esse local é denominado habitat *da espécie*, podendo ter diferentes dimensões, conforme o organismo em questão. Por exemplo: para uma onça-pintada, ele pode ser uma grande área florestal, mas, para protozoários ou pequenos crustáceos, pode ser uma poça de água.

Outro conceito importante em ecologia é o de *nicho*, empregado para designar o conjunto de todas as atividades que um organismo exerce dentro de um ecossistema, incluindo, além do *habitat* da espécie, todo seu modo de vida. Para entendermos melhor, imaginemos duas situações: uma planta e um animal. O nicho da planta inclui o tipo de solo que ela habita, os minerais exigidos para seu desenvolvimento, a quantidade de luz e água utilizada por ela, seus polinizadores e dispersores de semente. Para um animal, o nicho pode incluir território, alimento, potenciais predadores, umidade e temperatura ideal.

1.2 Diversidade biológica

De maneira simplificada, podemos definir diversidade biológica como o número de espécies encontrado em uma comunidade. Ela também pode ser denominada *riqueza de espécies*. O número de indivíduos de determinada espécie em uma região corresponde à sua abundância na área. Vamos dar um exemplo hipotético: foi realizado um levantamento de espécies de aves em um fragmento de floresta atlântica por meio da visualização, captura e marcação de animais durante dois dias por mês ao longo de um ano. Como resultado, foram registradas 198 espécies de aves (riqueza de espécies de aves para a área).

Para estimarmos a abundância de indivíduos, devemos nos ater às capturas e recapturas. Se um grande número de animais de determinada espécie foi capturado em todos os dias da amostragem e um baixo número foi recapturado, podemos estimar que a espécie é abundante para a área. Caso tenhamos poucas capturas ou muitas recapturas ao longo do ano, podemos estimar que a espécie é pouco comum ou rara para a área estudada (levando em conta sempre questões ecológicas e comportamentais).

Segundo Primack e Rodrigues (2006), alguns índices são utilizados para descrever a diversidade de espécies baseados em escalas geográficas diferentes, sendo elas:

» **Diversidade alfa**: corresponde à riqueza de espécies em nível local de uma única comunidade.
» **Diversidade beta**: refere-se a alterações na composição de espécies entre variáveis ambientais. A diversidade beta é grande se dada espécie de ave aumenta em abundância em altitudes maiores ou na margem esquerda de um rio, por exemplo.
» **Diversidade gama**: corresponde à riqueza de espécies em escalas geográficas maiores, em nível regional.

1.3 Ameaças à diversidade biológica

Reforçando aquilo que já foi comentado na apresentação deste livro, à medida que as populações humanas começaram a se expandir, os recursos naturais passaram a ser explorados com maior intensidade, dando início ao processo de degradação ambiental. A partir dos séculos XVIII e XIX, com a Revolução Industrial, a situação tornou-se ainda mais dramática, em virtude do crescente desenvolvimento de indústrias, pois a demanda aumentou a necessidade de matéria-prima, principalmente carvão e minerais. Com isso, florestas passaram a ser devastadas, rios passaram a ser represados para geração de energia e inúmeros ambientes foram degradados pela mineração. Esses e outros fatores culminaram no declínio ou na extinção de diversas espécies ao redor do mundo.

Quando se avalia o número de indivíduos de uma espécie, a maioria dos dados científicos provém de animais de grande porte, como mamíferos e aves, o que os torna mais confiáveis para avaliar a redução populacional ao longo dos anos. Quanto aos invertebrados – que constituem grande parte das espécies –, ainda carecemos de estudos, principalmente porque se estima que muitas espécies correm o risco de desaparecer antes mesmo de poderem ser descritas. A tabela a seguir contém números de extinções dentro dos principais táxons:

Tabela 1.1 – Extinções a partir do ano 1600

Táxon	Extinções registradas	Número aproximado de espécies do Táxon	Táxons extintos %
Mamíferos	85	4.000	2,1
Aves	113	9.000	1,3
Répteis	21	6.300	0.3
Anfíbios	2	4.200	0,05
Peixes	23	19.100	0,1
Invertebrados	98	1.000.000 +	0,01
Angiospermas	384	250.000	0,2

Fonte: Reid; Miller, 1989, citados por Primack; Rodrigues, 2006, p. 73.

Atualmente, as maiores ameaças identificadas à diversidade biológica resultantes das ações humanas são:

» **Degradação de *habitat***: entre as causas dessa categoria de ameaça encontram-se as emissões de gases poluentes na atmosfera, o manuseio incorreto de resíduos químicos de fábricas, de agrotóxicos, de lixos urbano e industrial, a ausência de tratamento de esgoto, entre outras. Nesse caso, toda a comunidade dependente dos locais ou recursos afetados (água, solo, ar) acaba sendo prejudicada.

» **Fragmentação e destruição dos ambientes naturais**: aqui estão inseridos desmatamentos, exploração indiscriminada de rochas e minerais pela mineração e pelo garimpo, queimadas, construção de barragens e outros empreendimentos de grandes dimensões.

» **Superexploração das espécies para consumo humano**: nesta categoria entram principalmente a caça e a pesca. No primeiro caso, estão incluídas as caças esportiva e de subsistência, tráfico de animais silvestres e seus derivados (peles, penas, entre outros) e tráfico de vegetais (flores, essências, frutos e madeira). A pesca, que não deixa de ser uma forma de caça, é um dos fatores ambientais mais preocupantes, visto que toneladas de pescado são retiradas diariamente dos mares do mundo inteiro, cuja demanda é maior do que a capacidade das espécies de manter populações estáveis. Com isso, várias espécies de peixes e invertebrados marinhos consumidos como alimento estão entrando em extinção, o que pode gerar, em breve, um colapso na economia pesqueira e nos ecossistemas marinhos.

» **Introdução de espécies exóticas**: uma espécie exótica pode ser definida como aquela que ocupa um ambiente do qual não é nativa. Esses organismos chegam a esses novos ambientes pelas ações humanas, seja de forma acidental (como invertebrados provindos da **água de lastro**$^\infty$ de navios), seja teoricamente "planejada", fugindo do controle ao serem inseridas no novo ambiente – como inúmeras espécies de plantas para fins ornamentais e de consumo ou espécies animais, como a rã-touro, os javalis e diversas espécies de peixe. Essas espécies, ao entrarem em um ambiente novo, não contam com predadores naturais e, muitas vezes, não são suscetíveis às doenças nativas. Somado a isso, caso ainda tenham uma capacidade elevada de reprodução e dispersão, passam a competir com as espécies nativas, sobre as quais levam vantagem. Com isso, as espécies nativas entram em declínio e as exóticas entram em crescimento populacional, afetando também os recursos utilizados por elas. Graças a todos esses fatores somados, alguns autores sugerem que essa é a principal causa de perda de biodiversidade na atualidade.

» **Proliferação de doenças**: nesta categoria podemos incluir microparasitas (protozoários, bactérias, fungos e vírus) e macroparasitas (vermes e artrópodes), que afetam tanto animais como plantas. A contaminação normalmente ocorre pela proliferação em animais de cativeiro ou domésticos (agricultura e silvicultura, no caso das plantas) que, em contato com populações selvagens, acabam transmitindo **patógenos**$^\infty$. Outra forma de contaminação se dá em ambientes degradados, que favorecem o aparecimento dos vetores de doenças. Como exemplos de disseminação de doenças pelo contato com animais domésticos, podemos citar a cinomose e a parvovirose, que afetam cachorros e gatos domésticos, mas podem ser transmitidas para outros canídeos e felídeos selvagens. Outro exemplo é a febre aftosa, que pode ser transmitida do gado bovino para cervídeos e bovídeos selvagens.

Em várias das ameaças citadas enquadram-se de forma direta os acidentes ambientais que serão estudados nos próximos capítulos, isto é, quando impactam o ambiente no qual ocorrem, ou pelos efeitos que proporcionam a longo prazo. Portanto, ao avaliar um acidente ou mesmo elaborar planos de prevenção, deve-se lembrar do quanto a natureza é complexa e do quanto intervenções humanas negativas podem gerar efeitos catastróficos, com perdas de espécies e até mesmo de ecossistemas.

SÍNTESE

Ecologia:
Organismo + Meio + Interações

▼

Níveis:
Organismo: um indivíduo de uma espécie.
População: conjunto de indivíduos de uma espécie.
Comunidade: conjunto de populações.

Comunidade:
Níveis tróficos: compostos por produtores, consumidores e decompositores.
Teias alimentares: fluxo de nutriente através dos níveis tróficos (processo em que um organismo se alimenta de outro).

Ambiente:
Ciclos biogeoquímicos: principais responsáveis pela manutenção da vida no planeta (ciclo da água, do carbono, do nitrogênio, entre outros).
Habitat: local que dá condição de vida a um organismo no qual este se insere.

▼

Diversidade biológica:
• Número de espécies encontradas em uma comunidade.
• Principais ameaças: Degradação de *habitat* / Fragmentação e destruição dos ambientes naturais / Superexploração das espécies / Introdução de espécies exóticas / Proliferação de doenças.

QUESTÕES PARA REVISÃO

1. Cite três aspectos que julgue importante no estudo da ecologia.

2. O que acontece quando uma espécie dentro da comunidade é contaminada por algum produto químico?

3. Relacione os conceitos a seguir a suas respectivas definições:
   i. Organismo
   ii. População
   iii. Comunidade
   iv. *Habitat*
   v. Nicho
   ( )Um ser individual.
   ( )Conjunto de todas as atividades que um organismo exerce dentro de um ecossistema.
   ( )Conjunto de populações.
   ( )Formada por um conjunto de indivíduos da mesma espécie.
   ( )Ambiente propício ao desenvolvimento de um organismo adaptado àquelas condições.

4. Dado o conjunto de organismos: fungo, gavião, gramínea, coelho e cobra, assinale a alternativa que corresponde a seus respectivos níveis tróficos:
   a. Decompositor, consumidor terciário, produtor, consumidor primário e consumidor secundário.
   b. Produtor, consumidor secundário, decompositor, consumidor primário e consumidor terciário.
   c. Consumidor terciário, decompositor, consumidor primário, consumidor secundário e produtor.
   d. Decompositor, consumidor terciário, consumidor primário, produtor e consumidor secundário.

5. A respeito das principais ameaças para a perda de diversidade biológica, analise as proposições a seguir e, em seguida, assinale a alternativa correta:

i. Entre os fatores apontados como principais ameaças à biodiversidade, a introdução de espécies exóticas é a menos agressiva, pelo fato de ocorrer de maneira gradual e controlada.
ii. Um derramamento de petróleo pode se enquadrar nas categorias de *degradação de habitat* e *destruição dos ambientes naturais*.
iii. A proliferação de doenças é a única das causas não atribuídas ao homem, pois se desenvolve de maneira natural entre as comunidades.
iv. Atividades simples, como caça esportiva, pesca e venda de animais silvestres de estimação, não afetam a biodiversidade.

a. Apenas as alternativas I, II e IV estão corretas.
b. Apenas a alternativa II está correta.
c. Apenas as alternativas I e II estão corretas.
d. Apenas as alternativas I e III estão corretas.

QUESTÕES PARA REFLEXÃO

1. Após estudar as relações existentes entre os seres vivos, procure identificar todos os organismos que dividem o espaço com você em seu dia a dia, sejam eles animais, sejam plantas. Com base nisso, elabore uma lista na qual você deve correlacionar cada um deles entre si e com você, identificando as formas de interferência na vida um do outro (direta ou indiretamente), seja como indivíduo, seja como integrante da comunidade.

2. No cotidiano, em nossas atividades, acabamos afetando negativamente o meio ambiente, mesmo em pequena escala. Essas pequenas interferências, se somadas à ação das demais pessoas do planeta, compõem algumas das formas de ameaça à biodiversidade citadas na Seção 1.3, a exemplo do desperdício de água e da geração e do descarte incorreto do lixo (degradação do *habitat*). Nesse contexto, elabore uma lista com todas as suas atividades que possam vir a trazer algum tipo de impacto ambiental, seja qual for a sua dimensão. Feito isso, tente para criar medidas para reduzir ao máximo os impactos sobre o meio ambiente.

PARA SABER MAIS

Livros

Este livro engloba vários aspectos sobre ecologia e conservação da natureza. Apresenta linguagem simples e abrangente, contendo de forma mais detalhada vários temas abordados no capítulo.

PRIMACK, R. B.; RODRIGUES, E. **Biologia da conservação**. Londrina: Planta, 2006.

Dois livros específicos sobre ecologia que podem servir de base para a conceituação e a prática dentro de seus respectivos temas.

RICKLEFS, R. E. **A economia da natureza**. Rio de Janeiro: Guanabara Koogan, 2003.

BEGON, M.; TOWNSEND, C. R.; HARPER, J. L. **Ecologia**: de indivíduos a ecossistemas. 4. ed. Porto Alegre: Artmed, 2007.

Site

Este *site* engloba vários aspectos sobre taxonomia, ecologia e conservação das espécies animais.

ADW – Animal Diversity Web. **About Us**. Disponível em: <http://animaldiversity.ummz.umich.edu>. Acesso em: 2 dez. 2013.

CAPÍTULO 2 ACIDENTES AMBIENTAIS

Os processos industriais, em sua ampla maioria, ocasionam algum dano direto ou indireto ao meio ambiente, seja na obtenção de sua matéria-prima, seja nos processos de beneficiamento, produção e transporte, seja na utilização do produto final. Paralelamente a isso, falhas em alguma dessas etapas podem gerar desastres, levando à perda de vidas humanas e danos graves à natureza.

Falhas humanas, mecânicas ou apenas negligência dos responsáveis por determinado processo são algumas das principais causas que podem levar a um acidente ambiental. Associados a esse termo, existem dois conceitos de denotação semelhante e que devem ficar bem claros: *desastres naturais* e *desastres tecnológicos*. Ambos podem estar associados à ocorrência de um acidente ambiental. Por exemplo: uma tempestade (desastre natural) pode vir a gerar um naufrágio (desastre tecnológico), que, por sua vez, pode ocasionar um acidente ambiental. Entretanto, a tempestade é um fator natural que sempre existiu na Terra e que auxilia a moldar as condições do planeta, enquanto o naufrágio está associado às atividades humanas, sendo um evento que deve ser evitado.

O processo de degradação ambiental (influenciado por acidentes) se deu em paralelo ao desenvolvimento tecnológico humano. O primeiro acontecimento que produziu impacto relevante foi a adequação do ambiente e a retirada de recursos naturais para a subsistência humana. Esse processo intensificou-se ao longo do tempo para atender à demanda industrial e ao crescimento populacional. Esse desenvolvimento passou a se intensificar a partir do século XVIII, com a denominada *Revolução Industrial*, época em que a economia deixou de ser sustentada apenas pela agricultura, passando a se concentrar no setor industrial. Um segundo agravante foi o início da utilização do petróleo em escala industrial, de modo que a extração, o transporte e o produto final passaram a impactar o ambiente em larga escala. Somado aos demais tipos de poluentes, o petróleo passou a contaminar a água, o ar e o solo, recursos essenciais para a manutenção da vida.

CONTEÚDOS DO CAPÍTULO:

» Contexto histórico no qual se desenvolveu o processo industrial no mundo.
» Introdução dos conceitos de acidente ambiental e gerenciamento de riscos.
» Principais efeitos dos poluentes quando em contato com o ambiente.
» Alguns exemplos de acidentes ambientais ocorridos no Brasil e no mundo.

APÓS O ESTUDO DESTE CAPÍTULO, VOCÊ SERÁ CAPAZ DE:

1. refletir sobre a relação entre desenvolvimento industrial e degradação do meio ambiente;
2. conscientizar-se sobre a importância do estabelecimento de metas para o combate a um dano ambiental;
3. analisar os efeitos de poluentes quando em contato com água, solo e atmosfera.

2.1 Histórico

A Revolução Industrial foi o principal marco moderno no desenvolvimento tecnológico mundial. Iniciada na Inglaterra em meados do século XVIII, foi caracterizada por um conjunto de mudanças que levaram a profundos impactos no processo produtivo em âmbitos social e econômico (Canêdo, 1985). Ao longo desse processo, a agricultura (tida antes como grande impulsionadora da economia) foi superada pelos processos industriais, nos quais o trabalho humano muitas vezes foi substituído pelo de máquinas. Como características desse período, podemos destacar a intensificação das relações entre países, graças a um maior liberalismo econômico, o fortalecimento do capitalismo e a invenção de inúmeras máquinas, visando agilizar o processo de produção. A Revolução Industrial pode ser dividida em três períodos principais, baseando-se nos avanços ocorridos: o primeiro, marcado pelo início do processo de industrialização; o segundo, pelos avanços tecnológicos; e o terceiro, pela revolução digital.

Paralelamente ao desenvolvimento industrial, a exploração e, consequentemente, os impactos sobre o meio ambiente foram se intensificando. De início, foi a exploração do carvão (gerando um agravamento do desmatamento) e de minerais (cobre, minério de ferro, entre outros). Durante o século XIX, as indústrias passaram a explorar o petróleo, outro marco do desenvolvimento (Atlas, 2001), bem como inúmeros processos danosos ao meio ambiente, desde a sua extração, passando pelo transporte e pela industrialização, até os produtos finais.

Por definição, *acidentes ambientais* consistem em eventos inesperados que afetam diretamente o ambiente envolvido, acarretando diferentes tipos de impactos (Lima-e-Silva et al., 1999). Diante disso, dois grupos principais podem ser identificados:

1. **Desastres naturais**: fenômenos da natureza que ocorrem sem interferência humana e que não podem ser evitados. Sempre ocorreram na história geológica da Terra e ajudam a moldar a crosta terrestre ao longo do tempo. Não obstante, atualmente, mesmo alguns desastres naturais estão ligados às atividades humanas, principalmente se pensarmos nos efeitos decorrentes do aquecimento global (Quadro 2.1), que, em grande parte, foi acelerado por ações antrópicas. Como exemplos de desastres naturais, podemos citar chuvas de granizo, terremotos, maremotos, tempestades, furacões, tornados, entre outros.

Quadro 2.1 – Aquecimento global e efeito estufa

Ao longo da história do planeta Terra, vários fenômenos naturais, incluindo aquecimentos e resfriamentos da crosta terrestre, geraram transformações que moldaram as características físicas e as formas de vida do planeta. Entretanto, nas últimas décadas, o planeta vem sofrendo drásticas alterações em razão de um novo período de aquecimento, porém, agora, gerado pelas ações humanas. A grande diferença entre um aquecimento natural e um "forçado" é a velocidade em que eles acontecem. Neste, as espécies não têm tempo para se adaptar às mudanças, o que pode levá-las à extinção. Esse processo se dá principalmente pelos gases produzidos nas atividades humanas, como o dióxido de carbono e o metano, que permanecem na atmosfera e se fundem com o vapor de água, gerando uma barreira. Através dessa barreira passam os raios solares que aquecem o planeta. No entanto, o calor gerado, ao ser irradiado de volta para a atmosfera, fica retido por essas nuvens de poluentes, gerando o aquecimento, também denominado *efeito estufa*. Com isso, quanto mais densa for a camada de gases, menos calor retorna para a atmosfera, de modo que ele fica aprisionado e gera a elevação da temperatura da superfície do planeta.

Como exemplo das consequências desse aquecimento, podemos citar o derretimento das calotas polares e dos picos nevados, o aumento gradual do nível dos oceanos e inúmeros outros impactos, visto que a elevação da temperatura pode acarretar mudanças na composição das espécies de um ambiente ou comprometer sua reprodução.

Fonte: Elaborado com base em Primack; Rodrigues, 2006, grifo nosso.

2. **Desastres tecnológicos**: apresentam uma ligação direta com as atividades humanas, mas podem ter influência natural, como naufrágios decorrentes de furacões ou rompimento de tubulações causado por um terremoto. Em geral, esses tipos de acidentes podem e devem ser evitados. Exemplos: explosões, queimadas, rompimento de dutos, acidentes no transporte, naufrágios, vazamentos, entre outros. Este é o grupo mais estudado no decorrer deste livro.

2.2 Gerenciamento de riscos

Temos como base duas realidades: de um lado, a complexidade e a fragilidade dos ecossistemas; do outro, o desenvolvimento tecnológico e a exploração dos recursos naturais. Não podemos nos ater a apenas um dos dois apectos e ignorar o outro. Devemos sempre ter em mente que somos uma espécie que compartilha o planeta com inúmeras outras, mas que a sociedade é dependente de certos recursos naturais. Diante desse fato, para atingirmos um equilíbrio entre os dois lados, todos os processos envolvidos – a extração, a industrialização, o comércio e, principalmente, o consumo – devem ser realizados de maneira racional, para que possamos reduzir os impactos sobre o planeta.

Um dos pontos principais a serem enfatizados para ajudar a amenizar os impactos ao meio ambiente é a máxima redução de risco de um acidente ambiental. Mas, caso este venha a acontecer, são necessárias medidas rápidas e eficazes para minimizar o problema. Portanto, o gerenciamento de riscos consiste em organizar, planejar e dirigir os recursos humanos e materiais de um processo, buscando minimizar os efeitos sobre a imagem da organização envolvida, as instalações, a população e o meio ambiente. Seguem alguns termos relevantes relacionados ao assunto:

» **Risco**: condição decorrente de uma ou mais variáveis que originam algum tipo de dano, seja ele físico, material ou de produção, seja ao meio externo. O percentual de risco também está associado ao nível de segurança e confiabilidade de um sistema,
» **Perigo**: é decorrente da exposição ao risco e pode materializar-se em um dano.
» **Dano**: corresponde à consequência de um perigo que se torna real ao operador, à instalação, à empresa, à população ou ao ambiente. Quando confirmado, busca-se a causa (origem do evento) para que o dano possa ser sanado e posteriormente evitado.
» **Incidente**: evento não planejado de pequenas dimensões que pode vir a gerar um acidente.
» **Acidente**: evento não planejado de diferentes dimensões.

Tanto a instituição quanto seu responsável têm a função de evitar qualquer tipo de incidente ou acidente em um sistema (ABGR, 2010).

Cabem aos órgãos federais e estaduais a liberação de licenciamento, a fiscalização periódica nos locais de risco e o monitoramento no caso de acidente.

2.3 Poluição ambiental

Ao pensarmos em uma área em bom estado de conservação e sem interferência direta das ações humanas, será que podemos garantir que os organismos que ali habitam estão totalmente livres de qualquer risco ou efeito de poluentes? Infelizmente, não, pois todo tipo de emissão ou descarte inadequado acaba afetando até mesmo os locais mais isolados, graças à ação de eventos naturais, como a chuva e os ventos. Um bom exemplo disso é a alteração da cor do gelo nas calotas polares para tons de cinza, em razão do dióxido de carbono expelido pelos grandes centros industriais. Outro exemplo é o destino inadequado do lixo que é produzido pelas pessoas que vão à praia, que pode ser levado, pela ação das marés, a longas distâncias, afetando os animais que vivem em mar aberto ou nas regiões mais profundas do oceano.

2.3.1 Poluição do solo

O solo consiste nas camadas mais superficiais da crosta terrestre. Apresenta diferentes tipos de composição, influenciado pelo **intemperismo**∞ que agiu sobre a rocha matriz que lhe deu origem. Conforme a região, o solo apresenta diferentes camadas que funcionam como uma espécie de filtro, no qual são retidas as impurezas nele depositadas. No entanto, com o passar do tempo, essas impurezas passam a se acumular, gerando uma gradativa queda na qualidade desse solo para a agricultura, para uma comunidade vegetal nativa ou para os microrganismos que vivem em meio ao substrato. Entre os principais tipos de poluentes que podem afetar o solo estão os poluentes atmosféricos, os fertilizantes e os defensivos agrícolas, os materiais tóxicos, o lixo proveniente da destinação inadequada, o esgoto, os materiais radioativos, entre outros.

Historicamente, o solo vem sendo explorado para atender à demanda de alimentos para a população por meio da agricultura. No entanto, o uso não racional desse recurso gera o esgotamento da terra, que nada mais é do que a retirada dos nutrientes ali depositados, tornando-a estéril. Em alguns casos, o manuseio inadequado chega a desencadear um processo de desertificação. Outra questão agravante é a utilização de adubos e defensivos agrícolas, que, pelos eventos naturais, como a chuva e o vento, acabam também contaminando a água e o ar.

Para se ter uma ideia da gravidade de poluir esse ambiente, basta recordarmos o que vimos no Capítulo 1 – o solo é uma parte vital para a ciclagem de diferentes nutrientes que garantem a manutenção da vida no planeta. Além disso, abaixo das camadas de solo existem depósitos de água (águas subterrâneas) que também podem vir a ser contaminados.

2.3.2 Poluição da água

A poluição da água talvez seja o tipo de contaminação mais visivelmente impactante para as populações humanas, pois afeta um recurso essencial para a nossa sobrevivência, além de comprometer importantes fontes de alimento, como peixes, crustáceos e mariscos. Não obstante, diante disso, a forma como o ambiente aquático é tratado não corresponde ao seu nível de importância; basta pensarmos que os rios e oceanos, em alguns casos, são tratados como simples destinações de resíduos industriais e residenciais.

Poluentes como o esgoto urbano e industrial liberam grandes quantidades de nitratos e fosfatos nos ambientes aquáticos, desencadeando um processo chamado *eutrofização*. O leitor deve estar se perguntando por que esse efeito é maléfico, visto que o fósforo e o nitrogênio são elementos vitais para a vida. A resposta está na quantidade. Grandes níveis desses elementos geram a proliferação desenfreada de algas na superfície da água, ocasionando, em primeira instância, uma competição desleal com outras espécies planctônicas e o bloqueio da passagem de luz para as espécies que vivem em níveis mais baixos. A proliferação chega a um adensamento tão grande que as algas que não têm acesso à luz, morrem e se depositam no fundo, onde bactérias e fungos passam a se multiplicar em grande velocidade, consumindo todo o oxigênio disponível na água, o que causa a morte dos demais organismos do ambiente.

2.3.3 Poluição atmosférica

No Quadro 2.1, apresentamos exemplos de efeitos da poluição atmosférica (efeito estufa e aquecimento global). No entanto, vários outros processos danosos também são fruto de descargas de compostos tóxicos, sendo um deles a formação do ozônio. Esse elemento, quando presente na atmosfera, é fundamental para criar uma barreira que filtra os raios ultravioleta. No entanto, na presença da luz solar, hidrocarbonetos e óxidos de nitrogênio (oriundos de automóveis e processos industriais) produzem o ozônio e outros produtos químicos secundários que, ao permanecerem no nível do solo, danificam principalmente as plantas, comprometendo a atividade agrícola e os ecossistemas naturais. Outros elementos tóxicos, como o zinco e o chumbo, oriundos da queima de combustíveis fósseis, são igualmente danosos para a vida, ocasionando efeitos semelhantes.

Diferentes processos industriais geram como resíduos nitratos e sulfatos, principalmente metalúrgicos e termoelétricos. Estes, quando combinados à umidade atmosférica, produzem ácido sulfúrico e ácido nítrico, elementos que, ao precipitarem, geram chuva ácida. O problema maior é que nem sempre a chuva cai nos lugares onde é produzida, podendo atingir locais florestados a longas distâncias, graças à ação dos ventos. Ao precipitar, a chuva acidifica o solo e os corpos de água, ocasionando a morte ou o comprometimento da reprodução dos organismos. Estudos em regiões temperadas apontam que a chuva ácida, quando atinge ambientes florestados, torna as plantas mais suscetíveis ao ataque de insetos, fungos e doenças.

2.4 Exemplos de acidentes ambientais

Neste item, deixaremos um pouco de lado os acidentes envolvendo petróleo e seus derivados, pois serão abordados mais detalhadamente na sequência. Os exemplos citados envolvem, além de impactos ambientais, perdas de vidas humanas e prejuízos econômicos, seja na instituição responsável, seja nas populações do entorno.

2.4.1 Bhopal – Índia

No ano de 1984, mais especificamente na madrugada entre os dias 2 e 3 de dezembro, ocorreu o maior acidente químico já registrado na história. Cerca de 40 toneladas de gases tóxicos vazaram de uma indústria de agrotóxicos. Gases como o hidrocianeto e o isocianeto de metila vazaram de tanques após uma série de erros em um procedimento considerado de rotina dentro da indústria, tendo sido agravado ainda mais pela ausência ou precariedade dos dispositivos que detectam esse tipo de problema. Segundo os órgãos ambientais, a empresa se negou a fornecer informações concretas sobre quais elementos haviam vazado, o que dificultou o atendimento às pessoas intoxicadas, levando à morte de aproximadamente 8 mil pessoas.

Os efeitos colaterais dos gases tóxicos não se resumiram apenas ao dia do acidente, pois cerca de 150 mil pessoas que ficaram expostas ao poluente apresentaram inúmeras sequelas que são visíveis ainda nos dias atuais. Se estendermos os impactos de uma nuvem tóxica não apenas na população, mas em todo o ambiente, esse desastre toma dimensões ainda maiores: os gases, ao entrarem em contato com o vapor de água presente na atmosfera, retornam ao ambiente terrestre pela precipitação, contaminando o solo e a água. Por sua vez, estando esses meios contaminados, fauna, flora, agricultura e a própria população sofrem mais uma vez com o seu efeito, agora, principalmente, com a acumulação de substâncias tóxicas em seus organismos pela ingestão de alimentos contaminados (Greenpeace, 2013).

PARA SABER MAIS

Documentário sobre o acidente ocorrido em Bhopal, Índia.
GREENPEACE. **O pior desastre químico da história**: 1984-2002. Disponível em: <http://www.greenpeace.org.br/bhopal/docs/Bhopal_desastre_continua.pdf>. Acesso em: 27 nov. 2013.

2.4.2 Chernobyl – Ucrânia

A usina de Chernobyl localiza-se na cidade ucraniana de Prypiat, a 18 km de Chernobyl e a 16 km da fronteira com a Bielorrússia. Na época do acidente, a usina operava com quatro reatores que, juntos, eram responsáveis por 10% de toda energia consumida na Ucrânia.

Na noite do dia 26 de abril de 1986, um dos reatores da usina explodiu e, na sequência, ocorreram várias outras explosões de diferentes intensidades, ocasionando o derretimento dos elementos de fissão dos reatores (como o urânio e o plutônio, elementos altamente radioativos). A nuvem radioativa liberada por esse derretimento se propagou além da Ucrânia e da Bielorrússia (países que na época faziam parte do grande bloco da União das Repúblicas Socialistas Soviéticas – URSS), atingindo também outros países europeus (Stone, 2006).

O governo soviético demorou a informar o acidente, o que agravou ainda mais a situação. Como primeira medida em resposta ao ocorrido, houve a evacuação e o posterior reassentamento de uma grande quantidade de pessoas (Stone, 2006). As causas do acidente até hoje são discutidas, e duas hipóteses principais foram levantadas: falha de operação ou falha no projetor do reator (falha mecânica).

O número de mortos decorrentes do acidente é incerto, visto que os efeitos da radioatividade até hoje são visíveis sob a forma de doenças e deformações. A nuvem radioativa primeiramente contaminou o ar. Depois, seguiu para o solo e para a água, causando malefícios não só para a população humana, mas para todos os organismos que ficaram expostos à radiação, ocasionando até hoje mutações genéticas em muitos indivíduos. Aqui, vale a pena refletirmos sobre como os assustadores e graves efeitos decorrentes do acidente em Chernobyl ainda foram pequenos se comparados às atrocidades enfrentadas pelo Japão no fim da Segunda Guerra Mundial, quando os Estados Unidos lançaram duas bombas nucleares sobre as cidades de Hiroshima e Nagasaki, levando à morte instantânea de 70 a 80 mil pessoas.

PARA SABER MAIS

Reportagem sobre os principais eventos envolvendo energia nuclear no mundo.

UOL NOTÍCIAS. **Top 10**: piores acidentes nucleares. Disponível em: <http://noticias.uol.com.br/internacional/listas/top-10-os-maiores-acidentes-nucleares.jhtm>. Acesso em: 29 nov. 2013.

2.4.3 Guerras

Um terceiro tópico importante a ser discutido sobre os impactos negativos das ações humanas está ligado às guerras. No entanto, não citaremos os efeitos sobre a população humana, mas sobre o ambiente. Talvez este tópico não se encaixe como um acidente ambiental, principalmente porque é feito de maneira "racional", ao menos teoricamente – mas serve de reflexão. A história humana foi marcada ao longo do tempo pelos conflitos: inicialmente entre tribos, passando pelo período das grandes conquistas, em seguida pelos processos de independência dos países e, finalmente, pela guerra moderna.

Todos os processos envolvidos durante um conflito geram impactos, incluindo transformações do ambiente para benefício de tropas, grandes quantidades de recursos naturais para a confecção de utensílios militares, bombardeios e explosões que podem afetar o sentido de orientação de animais (além de matar qualquer organismo atingido), poluição sonora, emissão de gases tóxicos na atmosfera e no mar, entre inúmeros outros. Além da já citada bomba nuclear, citamos a seguir outros recursos bélicos extremamente prejudiciais ao meio ambiente:

» **Armas biológicas**: consistem na utilização de microrganismos e toxinas como armas de guerra, podendo ser lançadas sobre água, ar, recursos alimentares ou diretamente na população. Esse tipo de arma pode dizimar populações de diferentes espécies que não são resistentes ao agente utilizado, além de que, ao se estabelecerem no ambiente, esses agentes podem sofrer mutações, tornando-se cada vez mais resistentes e letais.

» **Armas químicas**: consistem na utilização de agentes químicos como armas de guerra. Sua origem remete à Primeira Guerra Mundial, quando da criação de bombas de gás visando ao ataque às trincheiras. Esse tipo de arma teve uma maior propagação com o napalm, utilizado em diversos conflitos, principalmente na Guerra do Vietnã, quando foi empregado como fluido para armas incendiárias. Nesse mesmo conflito, o exército norte-americano pulverizou com **agente laranja** grandes áreas florestais vietnamitas, com o intuito de localizar os guerrilheiros do país. Com isso, grandes áreas cobertas por florestas tropicais tiveram o desfolhamento completo ou a morte dos espécimes. Uma vez lançadas no ambiente, as armas químicas podem contaminar todo o ecossistema rapidamente pelo simples contato ou pela bioacumulação.

SÍNTESE

Revolução Industrial:
- Meados do século XVIII;
- Superexploração dos recursos naturais;
- Crescimento das taxas de emissão de poluentes.

▼

Recursos naturais:
- Taxa de exploração maior que a capacidade de recuperação;
- Impactos: solo, água e atmosfera afetam os organismos (incluindo o homem);
- Poluição: intoxicação, morte, acúmulo e transferência para seus predadores.

▲ ▲

Acidentes ambientais:
- Explosões, vazamentos, derramamentos, queimadas, guerras, entre outros;
- Afetam, além do ecossistema, a economia e a população humana;
- Gerenciamento de riscos: modo de prevenção para minimizar os efeitos.

▲ ▲

Desastres naturais:
- Sempre existiram na história do planeta;
- Ajudam a moldar a crosta terrestre.

Desastres ecológicos:
- Gerado pelas ações humanas;
- Impactos negativos para o ecossistema.

QUESTÕES PARA REVISÃO

1. Diferencie *desastre natural* de *desastre tecnológico* (cite exemplos).
2. Defina o que é *gerenciamento de riscos*.
3. "Todos vocês sabem que houve um inacreditável erro – o acidente na usina nuclear de Chernobyl. Ele afetou duramente o povo soviético, e chocou a comunidade internacional. Pela primeira vez, nós confrontamos a força real da energia nuclear fora de controle". Esse trecho faz parte do pronunciamento do então líder soviético Mikhail Gorbatchev quando o governo tornou público o acidente ocorrido na usina de Chernobyl. A respeito desse episódio, verifique as proposições verdadeiras e, a seguir, assinale a alternativa correspondente:
   i. O ocorrido enquadra-se como um desastre natural, no qual a explosão de um dos reatores nucleares da usina liberou material radioativo no ambiente.
   ii. O material radioativo fruto das explosões atingiu apenas a atmosfera, o que minimizou os danos ambientais e sociais.
   iii. Entre as possíveis causas do acidente de Chernobyl, estão falhas mecânicas e operacionais, que talvez pudessem ter sido evitadas ou minimizadas caso ações preventivas mais eficazes tivessem sido utilizadas.
   iv. Outra falha que agravou ainda mais os efeitos da radiação sobre a população foi a demora por parte do governo em tornar público o acidente. Se tivesse sido mais rápido, o comunicado aceleraria a evacuação das cidades.

   Estão corretas:
   a. Apenas as alternativas I e IV.
   b. Apenas as alternativas I, II e III.
   c. Apenas as alternativas II e III.
   d. Apenas as alternativas III e IV.

4. Com relação à poluição da água, do ar e do solo, assinale a alternativa **incorreta**:

a. A poluição atmosférica (ar) apresenta, entre outras consequências, a chuva ácida e a formação de ozônio próximo à superfície da Terra.
b. A poluição do solo corresponde ao processo menos danoso ao ambiente, se o compararmos com os efeitos sobre a água e o ar, visto que o poluente permanece retido nas camadas que o compõem sem atingir outros meios.
c. Como formas de contaminação humana pela poluição do ambiente, podemos citar: respiração (ar), consumo de água contaminada (água) e ingestão de alimentos cultivados em locais contaminados (solo).
d. O esgoto residencial, quando liberado em grandes quantidades em córregos e riachos, desencadeia um processo de eutrofização. Esse efeito se dá pela proliferação descontrolada de algas, que, por sua vez, estimulam o desenvolvimento de fungos e bactérias que consomem todo o oxigênio disponível no ambiente, levando à morte dos demais organismos.

5. Correlacione os termos com seus respectivos exemplos ou definições:
   i. Acidente
   ii. Incidente
   iii. Efeito acumulativo
   iv. Chuva ácida
   v. Eutrofização

   (   ) Processo em que produtos tóxicos ficam retidos no organismo e depois são transmitidos a seus potenciais predadores.
   (   ) Vazamento na fábrica de pesticidas em Bhopal – Índia.
   (   ) Faísca isolada em um depósito de gás.
   (   ) Gases tóxicos que se fundem com o vapor de água e precipitam.
   (   ) Proliferação descontrolada de algas, que, por sua vez, estimulam o desenvolvimento de fungos e bactérias que consomem todo o oxigênio disponível no ambiente, levando à morte dos demais organismos.

Assinale a alternativa que apresenta a sequência correta.
a. I, III, IV, II, V.
b. III, I, II, IV, V.
c. II, III, IV, I, V.
d. V, I, II, IV, III.

QUESTÃO PARA REFLEXÃO

A prática do gerenciamento de riscos, apresentada neste capítulo, busca minimizar, entre outros, os impactos sobre o meio ambiente. Ela pode ser ampliada não apenas aos processos industriais que levam a grandes impactos, mas, também, em menor escala, à própria vida do indivíduo. Imagine que hoje a população global ultrapassou a marca de 7 bilhões de pessoas e, se cada um gerenciasse seus "riscos", os impactos ambientais seriam reduzidos drasticamente. Como isso é possível? Discuta com seus amigos e familiares sobre tal questão, promovendo uma reflexão referente a algumas atitudes, como a forma correta da destinação dos resíduos que produz, a utilização de produtos biodegradáveis e reciclados, a opção por eletrodomésticos e veículos que consumam menos energia e poluam menos, entre outras.

PARA SABER MAIS

No *site* desta organização não governamental você encontra diversos artigos sobre acidentes ambientais e a ação de poluentes no meio ambiente.
GREENPEACE. Disponível em: <http://www.greenpeace.org/brasil/pt>. Acesso em: 29 nov. 2013.

CAPÍTULO 3 HISTÓRICO DE ACIDENTES AMBIENTAIS NO BRASIL, LEGISLAÇÃO E PROGRAMAS INTERNACIONAIS

Denomina-se *acidente ambiental* um evento inesperado que afeta determinado local e que leva a diferentes tipos de impactos ambientais, sociais e econômicos. As dimensões e o grau de contaminação que um acidente apresenta são diretamente proporcionais ao tipo do evento (vazamento, explosão, derramamento etc.) e ao poluente envolvido (petróleo, gases, óleos etc.). Neste capítulo, explicaremos cada um desses elementos dos pontos de vista teórico e prático, com alguns exemplos de acidentes ocorridos no Brasil.

Tendo em vista a ampla utilização do meio marinho para a exploração petrolífera ou para o transporte de cargas, diversos tratados foram criados na tentativa de reduzir ao máximo o risco de acidentes ambientais nesses meios, focados principalmente na minimização de erros que levaram a eventos passados ou na tentativa de reverter os danos causados pelo poluente em questão. Processo semelhante ocorreu (e ocorre) na elaboração das legislações de proteção ambiental do mundo. Conforme a necessidade de abrangência e de rigor na fiscalização, as leis se adaptam às necessidades vigentes, tanto do ponto de vista ambiental quanto econômico ou social. A legislação e os tratados relacionados à questão ambiental serão o segundo foco a ser abordado ao longo deste capítulo.

CONTEÚDOS DO CAPÍTULO:

» Principais tipos de acidentes ambientais.
» Poluentes que podem vir a contaminar o ambiente.
» Alguns dos principais acidentes ambientais ocorridos no Brasil.
» Histórico de acidentes envolvendo embarcações que serviram de

incentivo para a elaboração de leis e tratados, visando preservar os ambientes atingidos.
» Órgãos brasileiros fiscalizadores.
» Noções sobre a legislação vigente.

APÓS O ESTUDO DESTE CAPÍTULO, VOCÊ SERÁ CAPAZ DE:

1. identificar os principais tipos de acidentes ambientais e os poluentes envolvidos;
2. conhecer alguns dos principais desastres ambientais ocorridos no Brasil;
3. compreender o histórico relacionado a acidentes com navios – o que serviu de estímulo para a elaboração de leis e tratados;
4. saber quais os órgãos brasileiros responsáveis por fiscalizar e agir diante de um acidente ambiental.

3.1 Tipos de acidentes ambientais

Como vimos anteriormente, um acidente ambiental consiste em um evento inesperado no meio ambiente, que pode acarretar grandes danos, diretos ou indiretos, à saúde humana, à economia e ao meio ambiente (Lima-e-Silva et al., 1999). Ele pode ocorrer de diversas formas e tomar diferentes proporções em relação ao impacto produzido:

» **Derramamento ou vazamento**: nesta classe, enquadram-se talvez os mais impactantes acidentes ao meio ambiente, podendo ocorrer tanto por problemas mecânicos dos equipamentos envolvidos quanto por falha humana na operação. Vazamentos de gases diretamente na atmosfera só podem ser dispersados por ações naturais, lembrando que, assim como citado no Capítulo 2, dependendo do caso, eles acabam retornando para a terra sob a forma de compostos nocivos. Já os líquidos afetam imediatamente o solo ou a água, o que gera impactos em um menor espaço de tempo. Além disso, mesmo lançados em terra, eles podem liberar gases nocivos para a atmosfera.

- » **Lançamento de sólidos**: nesta categoria estão incluídos principalmente acidentes no transporte. Quando em terra, os dejetos apresentam uma maior facilidade de remoção, porém o mesmo não se aplica para ambientes aquáticos.
- » **Incêndios e explosões**: ocorrem por falhas mecânicas, operacionais, vazamentos e colisões. Nesta classe podemos incluir as queimadas, que podem ser iniciadas por "eventos controlados" ou por fogueiras que acabam saindo do controle e se proliferando sobre a vegetação. Como consequências estão a liberação de gases nocivos para a atmosfera, a intoxicação pela fumaça e a morte de organismos decorrentes da exposição ao fogo.
- » **Transporte**: aqui se concentra a maior porcentagem de acidentes, principalmente no transporte rodoviário (Tabela 3.1), seguido do ferroviário, fluvial e marítimo. O impacto gerado é muito grande quando se trata do transporte marítimo, visto que pode envolver petroleiros contendo milhares de barris de petróleo.

Tabela 3.1 – Número de acidentes ambientais registrados pelo Ibama por local em que ocorreram no ano de 2011

Local	Número de acidentes
Rodovia	233
Plataforma	94
Outros	89
Indústria	77
Armazenamento	58
Duto	53
Embarcação	43
Ferrovia	30
Posto de combustível	14
Terminal, portos, ancoradouros etc.	11
Refinaria	8
Barragem	5

Fonte: Ibama, 2012, p. 13.

Diante de um acidente ambiental, deve-se avaliar rapidamente o ocorrido para que se possam planejar medidas de contenção, limpeza e monitoramento (Poffo; Gouveia; Haddad, 2005). Quanto à gravidade do acidente, alguns fatores devem ser avaliados, como a vulnerabilidade do local de ocorrência (se ele se encontra próximo de cursos de água, cidades e áreas de proteção ambiental, por exemplo), as características e o volume do produto envolvido (se se trata de produtos inflamáveis, tóxicos, corrosivos) e as características climáticas e do terreno no momento do ocorrido (que podem facilitar ou não a dispersão do produto).

Os acidentes ambientais ocorrem, em sua maioria, nas proximidades de grandes polos industriais, usinas, portos, terminais de carga e descarga e rodovias. Portanto, em território nacional, tornam-se mais frequentes nas regiões Sul e Sudeste (Gráfico 3.1), por serem regiões que apresentam uma maior concentração desses fatores de risco. Outro fator que torna a Região Sudeste mais vulnerável é a presença da área conhecida como Bacia de Campos, que se estende da costa norte do Rio de Janeiro até o sul do Espírito Santo. Essa bacia é rica em reservas de petróleo, estando vulnerável a acidentes pela intensa exploração no local.

Gráfico 3.1 – Número de acidentes ambientais registrados pelo Ibama por estado e região no ano de 2011

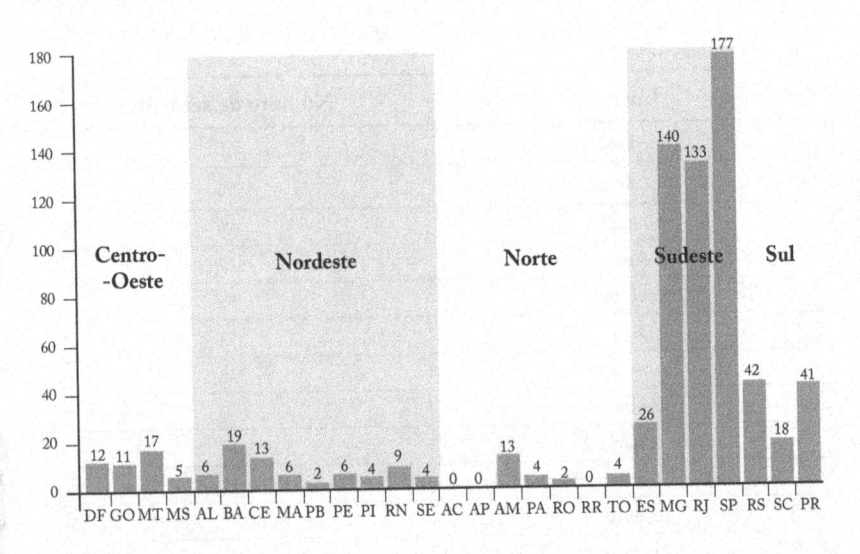

Região	Estado	Número
Centro-Oeste	DF	12
Centro-Oeste	GO	11
Centro-Oeste	MT	17
Centro-Oeste	MS	5
Nordeste	AL	6
Nordeste	BA	19
Nordeste	CE	13
Nordeste	MA	6
Nordeste	PB	2
Nordeste	PE	6
Nordeste	PI	4
Nordeste	RN	9
Nordeste	SE	4
Norte	AC	0
Norte	AP	0
Norte	AM	13
Norte	PA	4
Norte	RO	2
Norte	RR	0
Norte	TO	4
Sudeste	ES	26
Sudeste	MG	140
Sudeste	RJ	133
Sudeste	SP	177
Sul	RS	42
Sul	SC	18
Sul	PR	41

Fonte: Ibama, 2012, p. 10.

Diferentes produtos podem estar associados a um acidente ambiental, gerando impactos diversos, dependendo da composição, da quantidade e do local em que ocorrem, sendo os principais tipos:

» **Elementos radioativos**: neste grupo, encontram-se elementos como o rádio, o plutônio, o urânio e o tório, com capacidade de emitir radiação sob a forma de partículas alfa, beta e raios gama. Esses elementos, quando em contato com o meio ambiente, causam efeitos catastróficos, sendo absorvidos pela respiração, pelas mucosas ou pelos alimentos. Com a sua entrada na cadeia alimentar, eles causam um processo de acumulação nos organismos expostos, que, por sua vez, gera inúmeras patologias, mutações e mortes.

» **Petróleo e derivados**: aqui estão reunidos os maiores responsáveis por acidentes ambientais no Brasil e no mundo, seja de forma direta (produto bruto), seja indireta (derivados), como combustíveis, asfalto e polímeros. Os impactos estão presentes desde a sua exploração, passando pelo transporte e pela industrialização, sem contar os efeitos da poluição gerada pelo consumo dos derivados (Ver Seção 3.2).

» **Óleos vegetais**: acidentes envolvendo esses produtos normalmente estão associados ao transporte (ferroviário e rodoviário). Eles geram fortes impactos aos ambientes atingidos, graças à dificuldade na retirada do poluente.

» **Grãos**: da mesma forma que o item anterior, a maioria das ocorrências se deve a acidentes no transporte. Quando em terra, sua limpeza é facilitada, porém, caso atinjam ambientes aquáticos, podem gerar, por meio de sua decomposição, uma proliferação de microrganismos decompositores que acabam consumindo todo o oxigênio presente na água, levando os demais organismos à morte.

» **Agrotóxicos e pesticidas**: acidentes envolvendo esses elementos podem ocorrer no processo de produção, transporte e estocagem; porém, os maiores impactos estão associados ao seu uso indiscriminado. O Brasil é o maior consumidor mundial desses produtos: 14 fórmulas proibidas nos Estados Unidos e em países da União Europeia ainda são utilizadas em nosso território. Seus efeitos correspondem à soma de todos os produtos citados anteriormente, além de risco direto aos agricultores e consumidores. Os pesticidas responsáveis pelo controle de pragas acabam contaminando uma série de organismos, seja por envenenamento, seja pela sua entrada na cadeia alimentar.

» **Elementos químicos**: esta classe de poluentes reúne uma gama de substâncias nocivas ao ambiente, como solventes, tintas, ácidos, desinfetantes, corantes, detergentes, entre outras. As formas de acidentes são variadas, envolvendo transporte, armazenagem e destinação inadequados.

Como a maioria dos acidentes envolve o transporte, uma classificação internacional baseada em classes de riscos foi criada pela Organização das Nações Unidas (ONU) em 1991 (Quadro 3.1).

Quadro 3.1 Classificação internacional baseada em classes de riscos

Classe	Subclasse	Características
1. Explosivos	1	Substâncias e artigos com risco de explosão em massa.
	2	Substâncias e artigos com risco de projeção, mas sem risco de explosão em massa.
	3	Substâncias e artigos com risco de fogo e com pequeno risco de explosão ou de projeção, ou ambos, mas sem risco de explosão em massa.
	4	Substâncias e artigos que não apresentam risco significativo.
	5	Substâncias muito insensíveis, com risco de explosão em massa.
	6	Substâncias extremamente insensíveis, sem risco de explosão em massa.
2. Gases	1	Gases inflamáveis.
	2	Gases não tóxicos e não inflamáveis.
	3	Gases tóxicos.

3. Líquidos inflamáveis

4. Sólidos inflamáveis	1	Sólidos inflamáveis, substâncias autorreagentes e explosivos sólidos insensibilizados.
	2	Substâncias sujeitas à combustão espontânea.
	3	Substâncias que, em contato com a água, emitem gases inflamáveis.
5. Oxidantes e peróxidos orgânicos	1	Substâncias oxidantes.
	2	Peróxidos orgânicos.
6. Substâncias tóxicas e infectantes	1	Substâncias tóxicas.
	2	Substâncias infectantes.

7. Materiais radioativos

8. Substâncias corrosivas

9. Substâncias e artigos diversos

Fonte: Adaptado de ONU, 2013.

No Brasil, a maior parte dos acidentes envolve líquidos inflamáveis, em virtude de que esses produtos são transportados principalmente por rodovias. Esse número é agravado pela imprudência dos condutores. Segundo o Gráfico 3.2, na sequência dos acidentes envolvendo líquidos está uma categoria denominada *não especificado*. Esta, por sua vez, reúne elementos igualmente danosos ao meio ambiente, mas sem registro da origem do material envolvido. Na maioria das vezes, segundo o órgão ambiental responsável pelos dados, são tipos de óleo.

Gráfico 3.2 – Principais produtos envolvidos em acidentes ambientais no Brasil registrados pelo Ibama no ano de 2011

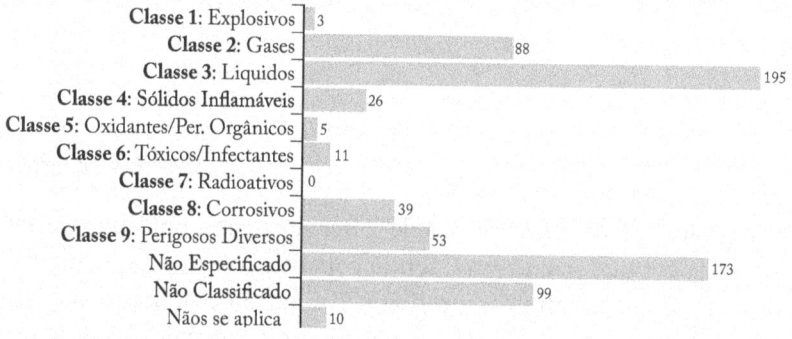

Classe	Quantidade
Classe 1: Explosivos	3
Classe 2: Gases	88
Classe 3: Líquidos	195
Classe 4: Sólidos Inflamáveis	26
Classe 5: Oxidantes/Per. Orgânicos	5
Classe 6: Tóxicos/Infectantes	11
Classe 7: Radioativos	0
Classe 8: Corrosivos	39
Classe 9: Perigosos Diversos	53
Não Especificado	173
Não Classificado	99
Nãos se aplica	10

Fonte: Ibama, 2012, p. 14.

Em consequência do fato de que a maioria dos acidentes envolve elementos pertencentes à classe 1, o maior índice de ocorrências de acidentes ambientais está associado ao derramamento de líquidos (Gráfico 3.3). Em seguida, vêm as explosões e os incêndios, que também podem estar associados a líquidos inflamáveis.

Gráfico 3.3 – Número de acidentes ambientais registrados por tipo de ocorrência pelo Ibama no ano de 2011

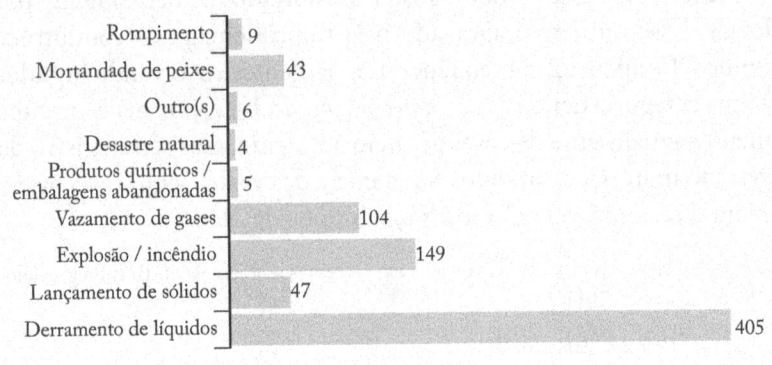

Tipo de ocorrência	Número
Rompimento	9
Mortandade de peixes	43
Outro(s)	6
Desastre natural	4
Produtos químicos / embalagens abandonadas	5
Vazamento de gases	104
Explosão / incêndio	149
Lançamento de sólidos	47
Derramento de líquidos	405

Fonte: Ibama, 2012, p. 15.

3.2 Petróleo

A composição do petróleo bruto pode sofrer alterações conforme a região geográfica em que se encontra, sendo constituído essencialmente por hidrocarbonetos parafínicos, aromáticos e naftênicos. Somado a isso, ainda podemos citar compostos oxigenados, nitrogenados e sulfurosos.

O petróleo apresenta origem orgânica, criado a partir de organismos mortos ao que foram cobertos por sedimentos no decorrer das eras. Esse material recebeu ação de bactérias (fermentação) e foi influenciado por fatores físicos, como temperatura e pressão, de modo que deram origem aos hidrocarbonetos. O óleo formado pode fluir para a superfície ou permanecer entre as camadas mais profundas do solo. No primeiro caso, ao entrar em contato com o ar, ele se oxida, dando origem ao betume.

O termo *óleo* é empregado para qualquer produto de características oleosas à base de hidrocarbonetos (Lopes; Milanelli; Poffo, 2006). Portanto, entender as características físicas e químicas do produto envolvido é fundamental no momento de tomar medidas de prevenção, contenção e limpeza de uma área. Entre essas características está a **densidade relativa**, obtida pela razão entre a densidade do poluente sobre a da água, o que permite prever o comportamento do óleo quando em meio aquoso. Outro dado é o **tempo de degradação**, que pode ser dividido em dois grupos: persistentes (não são removidos do ambiente sem ações de limpeza, como no caso de acidentes envolvendo óleo cru) e não persistentes (englobam os produtos refinados, que, por processos naturais, tendem a ser removidos). Um terceiro fator importante refere-se à **viscosidade**, que é a capacidade do produto de resistir ao processo de escoamento e à tensão superficial (força de atração entre as partículas). Esse fator depende da temperatura ambiental e da composição do poluente. A **solubilidade** do fluido consiste na capacidade de se misturar com um solvente (água). Essa característica é pouco presente para o óleo, o que permite a sua concentração na superfície dos meios aquáticos. A última característica se refere ao **potencial de ignição**, isto é, sob quais condições o produto pode vir a gerar uma chama.

Uma vez lançado no meio aquático, o óleo, em um primeiro momento, espalha-se rapidamente na superfície da água, onde passa a liberar compostos aromáticos para a atmosfera sob influência da radiação solar e da temperatura. Posteriormente, graças ao hidrodinamismo, a mancha de óleo passa a se fragmentar, e pequenas moléculas podem vir a se misturar com o meio líquido, contaminando toda a coluna de água. Ao encontrar partículas inorgânicas ou qualquer material sólido disponível, o óleo acaba afundando e, assim, contamina os sedimentos marinhos e os sedimentos de água doce.

3.3 Acidentes ambientais de grande impacto ocorridos no Brasil

Para demonstrar na prática quais são os tipos de acidentes ambientais e quais os produtos envolvidos, abordaremos alguns dos principais acidentes ocorridos no Brasil, caracterizados por grandes impactos ambientais e sociais.

» **Cubatão (São Paulo)**: no dia 24 de fevereiro de 1984, moradores perceberam um vazamento de gasolina em oleodutos que cruzavam uma área alagada do município de Cubatão (SP). Em pouco tempo, o combustível atingiu uma grande área. Para agravar ainda mais a situação, o combustível pegou fogo, afetando diretamente uma vila que se localizava na área e ocasionando a morte de várias pessoas. As causas do acidente foram operacionais, atribuídas à transferência de combustível para dutos incorretos, o que levou à ruptura destes e à consequente liberação de cerca de 700 mil litros de gasolina no ambiente (São Paulo, 2013a).

» **Goiânia (Goiás)**: ocorrido no ano de 1987, este é considerado o maior acidente radioativo fora de uma usina no mundo e ficou conhecido popularmente como o *caso do césio-137*. A contaminação se deu pelo contato de moradores com um equipamento radiológico descartado inadequadamente que continha cloreto de césio em seu interior. A radiação contaminou o ambiente e a população, levando à morte de muitos e ao aparecimento de sequelas em inúmeras pessoas (Carvalho, 2012).

» **Baía de Guanabara (Rio de Janeiro)**: em janeiro de 2000, ocorreu o rompimento de uma tubulação responsável pelo transporte de óleo combustível, o que provocou o derramamento de 1.293 m^3 do poluente na Baía de Guanabara. O produto contaminou toda a região costeira, gerando impactos ambientais e sociais (São Paulo, 2013d).

» **Araucária (Paraná)**: no dia 14 de julho de 2000, vazaram de um oleoduto na cidade de Araucária (Região Metropolitana de Curitiba) 4 milhões de litros de óleo que atingiram os rios Iguaçu e Barigui, além de áreas alagadas e remanescentes florestais. As causas do acidente foram atribuídas ao rompimento de uma porção do duto que era responsável pelo transporte do óleo (Folha Online, 2000).

» **Cataguazes (Minas Gerais)**: no ano de 2003, após o rompimento da barragem de um reservatório, houve o vazamento de cerca de 1,6 bilhão de litros de resíduos industriais, atingindo os rios Pomba e Paraíba do Sul. Esse desastre gerou grandes impactos ambientais e sociais, tanto para a região em que ocorreu quanto para o norte e o noroeste do Rio de Janeiro (Soares; Petry, 2003).

» **Bacia de Campos (Rio de Janeiro)**: no ano de 2011, falhas durante a perfuração de um poço para exploração de petróleo a 120 km da costa ocasionaram o aparecimento de uma grande mancha de petróleo sobre o mar do Rio de Janeiro, estendendo-se até as regiões costeiras. Existem divergências quanto ao volume exato, mas estima-se que mais de 650 barris de petróleo foram lançados ao mar. Entre as possíveis causas apontadas para o acidente está a falta de conhecimento do substrato marinho para a perfuração do poço (Folha Online, 2000).

3.4 Histórico de naufrágios e evolução da legislação internacional

O primeiro grande acidente envolvendo embarcações que gerou repercussões internacionais envolveu o navio transatlântico Titanic, ocorrido no ano de 1912, culminando na morte de mais de 1,5 mil pessoas (Encyclopedia Smithsonian, 2013). A partir desse ocorrido, passou-se a dar uma maior atenção a acidentes com embarcações. No ano de 1914, foi organizada a primeira Convenção Internacional para Salvaguarda da Vida Humana no Mar (Solas – *Safety of Life at Sea*). Essa convenção abordou assuntos referentes à prevenção de acidentes a fim de elevar as chances de sobrevivência da tripulação. Foram tomadas medidas como a proibição do transporte de elementos que viessem a causar algum tipo de dano para a tribulação e para o navio (São Paulo, 2013b).

Com o avanço da indústria petroleira, os mares passaram a ser cada vez mais utilizados como meios de transporte de grandes quantidades de petróleo e seus derivados, fato responsável pelo aumento do número de acidentes envolvendo navios. Um dos primeiros registros de eventos desse tipo ocorreu na costa da Inglaterra, em 1967, com o navio Torrey Canyon, do qual vazaram 115 mil toneladas de petróleo (ITOPF, 2013). Os impactos foram multiplicados pelas tentativas de limpeza, que incluíram bombardeios, queima do material e toneladas de solventes e dispersantes químicos jogados na água. Esse ocorrido serviu de estímulo para a criação da Convenção Internacional sobre a Responsabilidade Civil em Danos Causados por Poluição por Óleo (CLC 69 – *Civil Liability Convention*) (São Paulo, 2013c). Entre as medidas tomadas constam a responsabilização dos donos de petroleiros em casos de acidentes e a criação de medidas que buscavam reduzir os impactos dos poluentes (limpeza e indenizações). No Brasil, a CLC 69 foi promulgada apenas com o Decreto Federal n. 79.437, de 28 de março de 1977 (Brasil, 1977), e a sua aplicação foi regulamentada por meio do

Decreto Federal n. 83.540, de 4 de junho de 1979 (Brasil, 1979). Esse decreto incluía um artigo que deixava a cargo dos órgãos estaduais de meio ambiente e do Ibama executar medidas de prevenção, fiscalização e correção diante de acidentes ambientais. Em 1972, a Organização das Nações Unidas (ONU) organizou a Primeira Convenção sobre o Meio Ambiente em Estocolmo, que também abordou, entre outros assuntos, a elaboração de recomendações para evitar a poluição nos mares (São Paulo, 2013c).

No ano de 1978, outro acidente de grande impacto ocorreu na costa francesa, quando o petroleiro Amoco Cadiz encalhou e derramou cerca de 230 mil toneladas de petróleo. A mancha de óleo atingiu 350 km de costa, levando à morte inúmeros organismos marinhos e ao comprometimento da pesca e do turismo (ITOPF, 2013). O acidente na costa francesa serviu também de estímulo para que, no ano de 1978, fosse organizada uma segunda Marpol – Convenção Internacional para Prevenção da Poluição Causada por Navios (visto que a primeira ocorreu em 1973, mas não chegou a entrar em vigor). A partir dessa convenção, as pautas passaram a incluir os efeitos causados não apenas por óleo, mas também por outras substâncias líquidas, além de lixo, esgoto e poluição atmosférica (São Paulo, 2013b).

Mesmo depois da criação de legislações específicas e das convenções que discutiam o aumento da segurança do transporte marítimo, em 1989 ocorreu um dos maiores desastres ambientais da história, quando o petroleiro Exxon Valdez encalhou e despejou em torno de 40 mil toneladas de óleo na costa do Alasca (ITOPF, 2013). Esse desastre tomou grandes proporções, haja vista que o Alasca é uma área com elevada biodiversidade. Além disso, a área atingida continha sítios de descanso, de reprodução e de alimentação para várias espécies. Como resultado, diversas espécies foram intoxicadas e muitas não sobreviveram, além da contaminação do ambiente em si, o que influenciou diretamente os comportamentos reprodutivos, os comportamentos alimentares e até mesmo a ocorrência de certas espécies.

PARA SABER MAIS

Acidente envolvendo o Exxon Valdez e o impacto sobre o ecossistema. PIOR desastre ambiental no Alasca (1989). Disponível em: <http://www.youtube.com/watch?v=_BUeKiJX_Tw>. Acesso em: 3 dez. 2013.

Em 1990, foi organizada a Convenção Internacional sobre Preparação, Resposta e Cooperação diante da Poluição Causada por Óleo (OPRC). Entre outros pontos, ela possibilitou a cooperação internacional diante de um desastre, a criação dos PEIs (Planos de Emergência Individuais) e a elaboração de planos de contingência. No Brasil, as decisões tomadas na convenção foram colocadas em prática apenas no ano de 1998 (São Paulo, 2013b).

Uma regulamentação posterior, já citada na Marpol 73/78 – a Regra 13G do Anexo I de 2001 –, efetivou uma das decisões mais importantes referentes à prevenção a acidentes com navios petroleiros: a presença de um casco duplo, no qual a parede do tanque não corresponde à parede do navio (São Paulo, 2013b). Com isso, navios fabricados a partir de 1996 deveriam apresentar casco duplo. Além disso, a vida útil dos petroleiros foi reduzida de 30 para 25 anos.

3.5 Legislação brasileira

Além das leis e tratados citados no item anterior, em território brasileiro existem ainda legislações mais específicas ligadas a acidentes ambientais:

» **Lei Federal n. 7.347, de 24 de julho de 1985**: aborda a responsabilização por danos causados ao meio ambiente, à população, aos bens materiais e aos direitos de valores artístico, estético, histórico e paisagístico.
BRASIL. Lei n. 7.347, de 24 de junho de 1985. **Diário Oficial da União**, Poder Legislativo, Brasília, 25 set. 1985. Disponível em: <http://www.planalto.gov.br/ccivil_03/leis/l7347compilada.htm>. Acesso em: 29 nov. 2013.

» **Lei Federal n. 9.605, de 12 de fevereiro de 1998**: denominada *Lei de Crimes Ambientais*, aborda qualquer dano relacionado ao meio ambiente em suas mais diferentes causas e efeitos.

BRASIL. Lei n. 9.605, de 12 de janeiro de 1998. **Diário Oficial da União**, Poder Legislativo, Brasília, 17 jan. 1998. Disponível em: <http://www.planalto.gov.br/ccivil_03/leis/l9605.htm>. Acesso em: 29 nov. 2013.

» **Lei Federal n. 9.966, de 28 de abril de 2000**: aborda a prevenção, o controle e a fiscalização da poluição causada por óleo e outras substâncias nocivas, incluindo a elaboração de PEIs. Aplica-se a embarcações, portos, plataformas e dutos.

BRASIL. Lei n. 9.996, de 28 de abril de 2000. **Diário Oficial da União**, Poder Legislativo, Brasília, 29 abr. 2000. Disponível em: <http://www.planalto.gov.br/ccivil_03/leis/L9966.htm>. Acesso em: 29 nov. 2013.

» **Legislação brasileira referente à poluição atmosférica**
PEREIRA JÚNIOR, J. S. **Legislação brasileira sobre poluição do ar**. Brasília: Câmara dos Deputados. 2007. Disponível em: <http://bd.camara.gov.br/bd/bitstream/handle/bdcamara/1542/legislacao_poluicao_ar_jose_pereira.pdf?sequence=1>. Acesso em: 29 nov. 2013.

» **Lei das Águas: Política Nacional dos Recursos Hídricos**
BRASIL. Lei n. 9.433, de 8 de janeiro de 1997. **Diário Oficial da União**, Poder Legislativo, Brasília, 9 jan. 1997. Disponível em: <http://www.planalto.gov.br/ccivil_03/Leis/L9433.htm>. Acesso em: 29 nov. 2013.

» **Legislação brasileira referente à utilização de agrotóxico (estocagem, transporte, destinação das embalagens e aplicação)**
BRASIL. Lei n. 7.802, de 11 de julho de 1989. **Diário Oficial da União**, Poder Legislativo, Brasília, 12 jul. 1989. Disponível em: <http://www.planalto.gov.br/ccivil_03/leis/l7802.htm>. Acesso em: 29 nov. 2013.

SÍNTESE

Principais tipos de acidentes:
- Transporte (mais comum);
- Derramamentos e vazamentos;
- Lançamentos de sólidos;
- Incêndios e explosões.

Produtos envolvidos:
- Petróleo e derivados (mais comuns);
- Óleos vegetais;
- Elementos radioativos;
- Grãos;
- Agrotóxicos e pesticidas;
- Elementos químicos.

Acidentes ocorridos no Brasil:
- Cubatão (SP) – 1984 – gasolina;
- Goiânia (GO) – 1987 – elementos radioativos;
- Baía de Guanabara (RJ) – 2000 – óleo;
- Araucária (PR) – 2000 – óleo;
- Cataguazes (MG e RJ) – 2001 – resíduos químicos;
- Bacia de Campos (RJ) – 2011 – óleo.

Tratados internacionais:
- Salvaguarda da vida humana no mar (1914);
- CLC 69 (1969);
- Convenção (ONU) sobre Meio Ambiente (1972);
- Marpol (1973/1978);
- OPRC (1990).

Legislação brasileira:
- Lei n. 7.347 Responsabilização por danos ao meio ambiente;
- Leis n. 9.605: Lei de Crimes Ambientais;
- Lei n. 9.966: Procedimentos que envolvem óleo;
- Atmosfera/Recursos Hídricos/Agrotóxicos.

QUESTÕES PARA REVISÃO

1. Qual região brasileira apresenta o maior índice de acidentes ambientais? Justifique sua resposta.

CAPÍTULO 3

2. Qual é o principal tipo de acidente ambiental e qual o material mais comumente envolvido?

3. A respeito dos principais tipos de produtos envolvidos em acidentes ambientais, assinale (V) para as sentenças verdadeiras e (F) para as falsas. A seguir, escolha a alternativa correta:
   ( )Acidentes envolvendo materiais sólidos são menos frequentes, ocorrendo, em sua maioria, durante o transporte.
   ( )A maioria dos acidentes ambientais envolve petróleo e seus derivados, seja no processo de extração, seja no transporte, seja na industrialização.
   ( )Acidentes nucleares no Brasil são frequentes, visto o grande número de usinas nucleares em território nacional, que juntas são responsáveis pela geração de quase 90% da energia consumida.
   ( )Acidentes envolvendo óleos vegetais e grãos não produzem danos ao meio ambiente, visto que são produtos orgânicos.
   a. F, F, V, V.
   b. F, V, F, V.
   c. V, V, F, F.
   d. V, F, V, F.

4. Relacione os tratados internacionais que abordam a poluição nos mares com as sentenças a seguir e, na sequência, escolha a alternativa correspondente:
   i. Salvaguarda da vida humana no mar
   ii. CLC 69
   iii. Marpol
   iv. OPRC
   ( )Permite uma cooperação entre os países em caso de acidentes ambientais de grandes proporções.
   ( )Regulamentação dos petroleiros para que passassem a ser construídos com casco duplo.
   ( )Primeira convenção internacional voltada para acidentes no mar.
   ( )Responsabilização dos donos de petroleiros quando da ocorrência de acidentes e criação de medidas que visam à redução dos impactos gerados pelos poluentes (limpeza e indenizações).

a. I, II, III, IV.
b. IV, III, I, II.
c. III, I, IV, II.
d. II, IV, I, III.

5. Relacione os efeitos a cada tipo de situação. Justifique sua resposta.
   i. Perda de vidas humanas
   ii. Eutrofização
   iii. Contaminação do solo
   iv. Contaminação da água
   v. Contaminação atmosférica
   vi. Morte de organismos

   a. Elemento radioativo descartado indevidamente em um lixão.
   b. Descarrilamento de um trem de carga carregado de soja próximo a um córrego.
   c. Rompimento de um oleoduto próximo a um riacho.

QUESTÕES PARA REFLEXÃO

1. Vimos neste capítulo diferentes tipos de acidentes ambientais. Diante disso, o que podemos fazer para ajudar a prevenir esses desastres?

2. Vimos que um incêndio pode acarretar sérios danos ao meio ambiente e que, entre as suas causas, está o simples descuido na hora de fazer uma fogueira ou soltar um balão, pois o fogo pode acabar se espalhando por grandes áreas. Portanto, discuta com seu grupo de estudo ou mesmo com sua família quais seriam as atitudes a serem tomadas para evitar ou ajudar a combater eventos desse tipo.

PARA SABER MAIS

Estatísticas e mapas referentes aos acidentes ambientais ocorridos no Brasil podem ser consultados no *link* Ocorrência de Acidentes Ambientais do *site* do Ibama.

IBAMA – Instituto Brasileiro do Meio Ambiente e dos Recursos Naturais Renováveis. **Ocorrência de acidentes e emergências ambientais.** Disponível em: <http://www.ibama.gov.br/acidentes-e-emergencias-ambientais>. Acesso em: 29 nov. 2013.

CAPÍTULO 4 PLANOS DE EMERGÊNCIA INDIVIDUAIS E ANÁLISE PRELIMINAR DE RISCO

Ao longo do tempo, inúmeros tratados e leis vêm sendo elaborados na tentativa de reduzir os acidentes ambientais ou, na pior das hipóteses, traçar mecanismos de ação, contenção e monitoramento mais eficazes, a fim de minimizar o impacto sobre os locais atingidos. Todo processo que potencialmente possa gerar algum tipo de evento dessa grandeza deve evitar qualquer imprevisto que ocasione um dano maior ao sistema, evitando um acidente de maiores proporções. Eventos indesejados, do ponto de vista do responsável, prejudicam a imagem de uma instituição, além de acarretar multas e indenizações. Dos pontos de vista ecológico e social, os acidentes podem gerar danos econômicos (comprometimento da pesca, da agricultura, do turismo), ambientais (poluição, contaminação, perda de espécies) e, dependendo do nível de gravidade, vítimas humanas fatais.

Portanto, este capítulo apresenta duas análises empregadas na prevenção: a primeira (Planos de Emergência Individuais – PEIs) focada no setor petrolífero e que aborda também estratégias de contenção, limpeza e monitoramento de ambientes atingidos, visto o grande número de acidentes registrados nesse setor; e a segunda (Análise Preliminar de Risco – APR) com a função de minimizar ao máximo o risco de qualquer falha em um sistema que possa desencadear danos a todo o contexto envolvido.

CONTEÚDOS DO CAPÍTULO:

» Planos de Emergência Individuais (PEIs).
» Análise Preliminar de Risco (APR).

**APÓS O ESTUDO DESTE CAPÍTULO,
VOCÊ SERÁ CAPAZ DE:**

1. reconhecer os principais equipamentos utilizados na indústria petrolífera;
2. entender quais parâmetros são utilizados para elaborar um Plano de Emergência Individual (PEI);
3. interpretar e elaborar uma análise de vulnerabilidade;
4. identificar quais fatores devem ser levados em conta para a elaboração de uma Análise Preliminar de Riscos (APR);
5. ter noção de como elaborar uma APR.

4.1 Planos de Emergência Individuais (PEIs)

Como vimos no capítulo anterior, a Lei Federal n. 9.966, de 28 de abril de 2000 (Brasil, 2000) aborda a prevenção, o controle e a fiscalização da poluição causada por óleo e outras substâncias nocivas e, pela primeira vez, cita a necessidade da elaboração de PEIs. A partir da Resolução n. 398, de 11 de junho de 2008 (Brasil, 2008), que reviu alguns conteúdos de uma resolução anterior, a de n. 293, de 12 de dezembro de 2001 (Brasil, 2002a), passou-se a exigir, em casos de acidente envolvendo óleo em águas sob jurisdição nacional, a execução do conteúdo mínimo dos PEIs. A resolução aplica-se a instalações portuárias, terminais de carga, dutos, sondas terrestres, plataformas e suas instalações de apoio, refinarias, estaleiros, marinas, clubes náuticos e instalações similares.

4.1.1 Elaboração

1. O ponto inicial para a elaboração de um PEI é a **identificação da instalação envolvida,** bem como da empresa responsável, com o endereço completo e os dados tanto do representante legal quanto do coordenador de procedimentos emergenciais. Além disso, devem ser incluídas questões mais específicas, como as

coordenadas geográficas, a descrição dos acessos à instalação e a situação em que ela se encontra (planta, construção, operação).
2. **Cenário de acidentes**: neste item devem ser descritas as características do produto envolvido, incluindo o provável volume a ser derramado no ambiente e o "comportamento" do componente, isto é, como irá agir no local atingindo.
3. **Informações e procedimentos de resposta**: nesta sessão devem ser informados os procedimentos realizados em resposta a um acidente, obedecendo à ordem a seguir:
   a. Equipamentos de alerta – correspondem ao primeiro indicativo de que um derramamento de óleo aconteceu, podendo ser expresso por sirenes ou informado por rádio e telefone.
   b. Comunicação do evento – imediatamente após a identificação do ocorrido deve-se informar os órgãos responsáveis: órgãos ambientais, capitania dos portos ou fluvial e a Agência Nacional de Petróleo.
   c. Estrutura organizacional da empresa – neste item devem constar as atribuições e as responsabilidades de cada um durante a emergência, o tempo estimado de mobilização da equipe e a qualificação dos técnicos envolvidos.
   d. Equipamentos e materiais de resposta – devem-se incluir todos os itens destinados à contenção do material derramado, incluindo características e limitações operacionais, quantidade disponível, localização, tempo para que estes entrem em ação.
   e. Procedimentos operacionais de resposta – neste item deverão ser descritos todos os procedimentos para controle e limpeza das áreas atingidas, obedecendo ao proposto a seguir:
      i. Procedimentos de interrupção da descarga de óleo: cessar o vazamento.
      ii. Procedimentos de contenção do derramamento de óleo: evitar a propagação.
      iii. Procedimentos para proteção de áreas vulneráveis: descrever as medidas de proteção referentes ao mapa de vulnerabilidade (que será descrito mais adiante).
      iv. Procedimentos para monitoramento da mancha de óleo derramado: inclui monitoramento visual, por amostragem e por modelagens matemáticas.

v. Procedimentos para recolhimento do óleo derramado: equipamentos e estratégias envolvidas.
vi. Procedimentos para limpeza de áreas atingidas: além dos equipamentos e das estratégias, devem ser citados os fatores ambientais (como substrato, relevo, hidrodinamismo e sensibilidade da **biota**$^{\infty}$) e socioeconômicos (pesca, agricultura, aquicultura, turismo).
vii. Procedimentos para coleta e disposição dos resíduos: incluir dados sobre coleta, armazenagem, transporte e destinação, além dos tipos de materiais recolhidos e das substâncias químicas utilizadas.
viii. Procedimentos para deslocamento de recursos: aqui devem ser descritos os meios de destinação de recursos (material e humano) para o local.
ix. Procedimentos para obtenção e atualização de informações relevantes: deve constar a descrição dos procedimentos para obtenção de dados referentes a questões biológicas, hidrográficas, hidrodinâmicas, meteorológicas, atmosféricas e oceanográficas.
x. Procedimentos para registro das ações de resposta: elaboração de relatórios e pareceres.
xi. Procedimentos para proteção da população: estratégias baseadas em diretrizes estabelecidas pelo Sistema Nacional de Defesa Civil.
xii. Procedimentos para proteção da fauna: levantamentos e monitoramentos da fauna residente e migratória.
4. **Encerramento das operações**: o que vai definir o fim dos procedimentos na área e as metas relacionadas a ações suplementares.
5. **Mapas, cartas náuticas, plantas, desenhos e fotografias**.
6. **Anexos**: informações adicionais relevantes.

PARA SABER MAIS

A elaboração de Planos de Emergência Individuais, segundo a Resolução n. 293/2001, pode ser encontrada de forma detalhada nos *links*:
BRASIL. Ministério do Meio Ambiente. Conselho Nacional do Meio Ambiente. Resolução n. 293, de 12 de dezembro de 2001. **Diário Oficial**

da União, Brasília, 29 abr. 2002. Disponível em: <http://www.mma.gov.br/port/conama/res/res01/res29301.html>. Acesso em: 5 dez. 2013.
BRASIL. Ministério do Meio Ambiente. Disponível em: <http://www.mma.gov.br/port/conama/legiabre.cfm?codlegi=290>. Acesso em: 29 nov. 2013.

Exemplos de Planos de Emergência Individuais podem ser lidos na íntegra no *site* do Ibama:

IBAMA – Instituto Brasileiro do Meio Ambiente e dos Recursos Naturais Renováveis. Disponível em: <http://licenciamento.ibama.gov.br/Petroleo>. Acesso em: 2 dez. 2013.

4.1.2 Principais instalações envolvidas

Como citado anteriormente, a Resolução n. 293/2001 do Conama exige a elaboração de PEIs para instalações que tenham o óleo como componente principal no seu processo. Na sequência serão descritas algumas dessas instalações:

a. **Tanques**: locais destinados para armazenagem do óleo, podendo ser do tipo horizontal ou vertical e apresentar capacidade para grandes volumes.
b. **Dutos**: tubulações de espessuras variadas responsáveis pelo transporte de óleo e gases.
c. **Terminais**: locais de carga e descarga.
d. **Monoboias**: estruturas semelhantes aos terminais, que ficam localizadas no mar para facilitar o acesso dos navios.
e. **Navios**: petroleiros.
f. **Transporte em terra**: caminhões e trens tanque.
g. **Plataformas e sondas terrestres**: estruturas responsáveis pela perfuração e extração de petróleo.

4.1.3 Análise de vulnerabilidade

Para a elaboração de um PEI, é fundamental que se tenha ideia do quanto uma área é vulnerável diante de um derramamento de óleo.

Uma das maneiras de obter esse tipo de informação é a análise de vulnerabilidade, que enfatiza duas questões principais: a probabilidade de o óleo atingir uma área e a sensibilidade desses locais ao poluente. Essa análise é fundamentada por meio de uma carta de sensibilidade ambiental elaborada para a área em questão.

O ponto inicial da análise de vulnerabilidade é um levantamento bibliográfico de outros acidentes já ocorridos com o mesmo tipo de material, que servirá de parâmetro para avaliar os possíveis riscos a que a área está exposta. Realizado o processo, deve-se avaliar o nível de sensibilidade da área, que é mais elevado na presença dos seguintes itens:

» pontos de captação de água para consumo humano, praias e residências;
» fauna e flora nativas;
» locais ecologicamente sensíveis, como manguezais, recifes de coral, estuários, brejos, locais de nidificação ou desova e sítios de alimentação;
» áreas de pesca, agricultura e aquicultura;
» unidades de conservação, sítios arqueológicos e reservas indígenas.

As informações sobre a fauna devem ser obtidas por um levantamento da área, que deve conter o nome das espécies, o *status* de proteção, a densidade populacional, a presença sazonal (ocorrência em determinadas épocas do ano) e os períodos especiais de seu ciclo de vida (reprodução e migração). Após essa apuração utiliza-se um conjunto de símbolos para representar as espécies (Figura 4.1).

Figura 4.1 – Exemplos de símbolos utilizados para a fauna

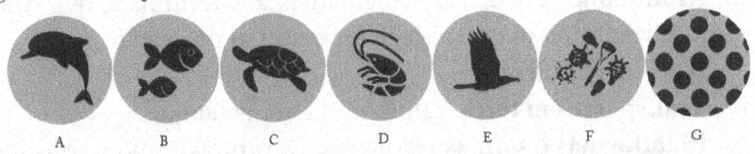

Nota: Pequenos cetáceos (A), peixes pelágicos$^{\infty}$ (B), quelônios (C), crustáceos (D), aves (E), plâncton (F) e local de reprodução (G).

Fonte: Adaptado de Brasil, 2002b.

Em relação à sensibilidade do ambiente, deve-se priorizar a busca por informações referentes ao grau de exposição à ação das ondas e das marés, declividade do litoral e aos tipos de substrato (Quadro 4.1).

Quadro 4.1 – Índices de sensibilidade ambiental

Índice de sensibilidade ambiental (Esi)	Grau de exposição a ondas	Faixa intermarés			Substrato				Biota	Tipo de litoral
		Inclinação	Largura	Tipo	Modalidade	Penetração do óleo	Trafegabilidade			
1	Alto	> 30°	Estreita	Costão rochoso	Fixo	Impermeável	Não		Aclimatada a altos impactos hidráulicos e pressão	Costões rochosos expostos, estruturados artificiais impermeáveis
2	Alto	< 30°	Larga	Leito rochoso	Fixo	Impermeável	Não		Aclimatada a altos impactos hidráulicos e pressão	Plataformas erodidas pela ação das ondas
3	–	> 5°	Larga	Areia fina a média (0,06 a 1 mm)	Baixa	Semipermeável (< 10 cm)	Permite tráfego de veículos		Baixa densidade	Praias de areia e cascalho
4	–	5.15°	Larga	Areia grossa / grânulo (2-4 mm)	Alta	Permeável (< 25 cm)	Baixa trafegabilidade de veículos		Baixa densidade	Praias de areia e cascalho
5	–	8.15°	–	Areia e cascalho	Muito alta durante tempestades	< 50 cm	Baixa trafegabilidade de veículos		Muito baixa	Praias de areia e cascalho
6	–	10-20°	–	Cascalho	Baixa	Altamente permeável (<100 cm)	Muito baixa trafegabilidade		Infauna e epifauna muito baixas	Praias de cascalho e enrolamentos
7	Variável de alto a médio	< 3°	Estreita a muito larga	Areia	–	Penetração limitada	Baixa		Muito baixa	Áreas intermarés planas expostas
8	Baixo	> 15°	Estreita	Leito rochoso (algum sedimento)	–	–	Baixa		Coberto de algas e outros organismos	Costões rochosos abrigados
9	Baixo	< 3°	Estreita a muito larga	Lamoso	–	Baixa permeabilidade	Muito baixa		Alta densidade de infauna	Área intermarés planas abrigadas
10	Médio a baixo	< 10°	Variável	Areia lamosa	Baixa	Baixa permeabilidade	Muito baixa		Vegetação associada com alta diversidade	Marismas, manguezais

Fonte: Brasil, 2007, p. 49.

Nas cartas de sensibilidade, a zona costeira (faixa de contato entre o mar e a terra) recebe um código de cores baseado no seu índice de sensibilidade, como mostrado no Quadro 4.2, que consta nos Apêndices desta obra. Nesse quadro, a coluna denominada *Código* serve para que a cor não sofra variações em virtude da impressão, sendo R – vermelho; G – verde; e B – azul.

Os aspectos econômicos, relacionados às atividades humanas (pesca, agricultura, turismo), locais históricos, unidades de conservação, construções e áreas de extração de recursos naturais, também devem ser representados, da mesma forma que os elementos biológicos, sob a forma de símbolos (Figura 4.2).

Figura 4.2 – Exemplos de simbologia com relação às atividades humanas

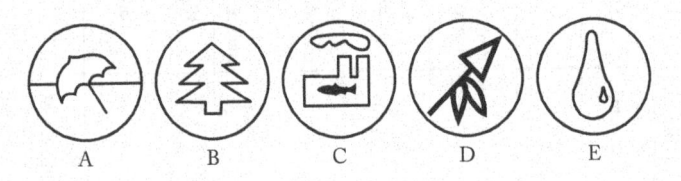

Nota: Praias (A), unidades de conservação (B), indústria pesqueira (C), reserva indígena (D), coleta de água (E)

Fonte: Adaptado de Brasil, 2002, p. 77-78.

PARA SABER MAIS

O documento completo com as informações relacionadas à elaboração de uma carta de sensibilidade ambiental está disponível em: BRASIL. Ministério do Meio Ambiente. **Cartas de sensibilidade ao óleo**. Disponível em: <http://www.mma.gov.br/seguranca-quimica/cartas-de-sensibilidade-ao-oleo>. Acesso em: 29 nov. 2013.

Para tornar mais clara a forma de elaboração da análise de que tratamos, partiremos para o exemplo hipotético da instalação de uma plataforma de exploração de petróleo.

Como representado no mapa da Figura 4.3, que consta nos Apêndices desta obra, inicialmente é feito um levantamento prévio de todos os dados referentes às questões ambientais, sociais e econômicas na área, que servirão de base para a elaboração da análise de vulnerabilidade.

Depois de coletados todos os dados referentes à área, já se pode criar uma carta de sensibilidade ambiental, como a apresentada na Figura 4.4, que consta nos Apêndices desta obra.

O exemplo ilustrado nas figuras 4.3 e 4.4 serve para se ter ideia de como é o processo de elaboração de uma carta de sensibilidade ambiental, lembrando que essa é apenas uma fatia do PEI.

4.1.4 Plano de Área (PA)

O Plano de Área (PA) é um conjunto de documentos que contém informações sobre as medidas de ação em face de um acidente ambiental envolvendo óleo em uma área vulnerável. Ele foi estabelecido a partir do Decreto Federal n. 4.871, de 6 de novembro de 2003 (Brasil, 2003), e integra diversos PEIs de diferentes instalações, o que permite maior entendimento e ações mais eficazes, cabendo aos órgãos ambientais regionais e federais coordenar sua implantação em conjunto com as instituições envolvidas.

Sua elaboração consiste em cinco questões básicas resultantes da soma dos PEIs individuais:

1. apresentação da localidade em questão;
2. área de abrangência do plano;
3. procedimentos para o acionamento do PA;
4. análise dos cenários acidentais e possíveis áreas a serem atingidas;
5. estrutura organizacional de resposta.

4.2 Análise Preliminar de Risco (APR)

Para atividades ou processos que possam de alguma forma trazer danos pessoais, ambientais ou à empresa, é fundamental que se busque identificar um problema antes mesmo que ele ocorra, pois só assim se podem evitar acidentes de grandes proporções. Diante disso, inspirado em modelos militares de identificação de falhas de segurança em sistemas, foi criada a Análise Preliminar de Risco (APR), que pode apresentar variação de nomenclatura conforme a instituição, ainda que possua sempre a mesma finalidade prática.

A APR é aplicada durante o período de planejamento ou durante o período inicial de desenvolvimento de um sistema ou atividade, no qual se busca identificar as falhas de uma operação futura (Tavares, 2010). Conforme o sistema vai evoluindo, faz-se necessária a utilização de outras análises para que se possa minimizar ao máximo o risco de acidentes. A principal vantagem de sua aplicação é que, se as falhas forem identificadas enquanto o sistema é construído, pode-se corrigi-las, evitando acidentes, gastos e transtornos maiores no futuro.

Durante a execução da APR, é importante levar em conta elementos como: produtos envolvidos (matéria-prima, intermediários e finais), instalações associadas, procedimentos e logística, equipamentos de segurança e operações (emergência, testes e manutenção).

A aplicação da APR segue os seguintes passos:

1. **Levantamento de dados**: primeiramente, antes de iniciar a análise em si, é preciso reunir o máximo possível de informações sobre o sistema em questão, tendo como base exemplos similares de outras instituições. É importante buscar um histórico de acidentes já ocorridos nesse tipo de sistema para que eles possam ser evitados. Caso os dados não estejam disponíveis, é possível comparar o sistema em análise com sistemas que utilizem equipamentos ou processos semelhantes. Pensando nos produtos envolvidos, é fundamental fazer um levantamento sobre as reações químicas a que podem estar expostos e os danos que podem causar às instalações, aos operadores e ao meio ambiente.
2. **Análise**: para uma melhor compreensão de como deve ser feita uma análise, utilizaremos um exemplo hipotético simples:

    A substância XY_3, produzida por um processo industrial, é repassada por mangueiras até ser liberada em tanques de armazenagem. Sabe-se que XY_3 é uma substância gasosa e tóxica. Qual o perigo da operação?

    » **Liberação do XY_3**

    a. O que pode desencadear essa liberação?

Rompimento das mangueiras; vazamento nos locais de inserção da mangueira; entrada de grandes quantidades de XY_3 no tanque, levando a um aumento da pressão e consequente rompimento do reservatório; corrosão do tanque.

b. O que pode ser feito?

Sabendo dos efeitos que cada um dos itens citados pode acarretar, é necessário orientar possíveis alterações que possam vir a eliminar esses ocorridos, como: substituição das mangueiras atuais por mangueiras e locais de inserção mais resistentes; instalação de leitores que possam medir a quantidade de XY_3 dentro do tanque; tratar o tanque com substâncias anticorrosivas ou substituí-lo por um tanque feito de material mais resistente; instalação no ambiente de sensores que detectem a presença de XY_3; manter próximo ao local equipamentos de segurança individual para serem utilizados em caso de emergência ou durante a manutenção; promover um curso para os funcionários esclarecendo sobre os perigos do contato com o XY_3, bem como sobre os procedimentos de emergência em caso de vazamento.

c. Apresentação dos resultados

Os resultados obtidos pela análise podem ser expressos em um quadro (Quadro 4.3), o que permite uma interpretação mais clara.

Quadro 4.3 – Exemplo de tabela para apresentação de uma Análise Preliminar de Risco

Perigo	Causa	Modo de detecção	Efeitos	Categorias			Medidas	N. cenário
				Frequência	Severidade	Risco		

Fonte: Adaptado de Fepam, 2001.

» **Perigo**: identificação de prováveis falhas que possam gerar um acidente.
» **Causa**: quais elementos podem gerar o perigo identificado.

- » **Modo de detecção**: como o perigo pode ser detectado.
- » **Efeitos**: o que pode acontecer em decorrência da falha.
- » **Categorias**:
    - » Frequência: pode se enquadrar em cinco categorias, segundo o Quadro 4.4.

Quadro 4.4 – Frequência em que supostamente um evento pode ocorrer

Categoria	Denominação	Faixa de frequência (ao ano)	Descrição
A	Extremamente remota	<10-4	Extremamente improvável de ocorrer durante todo o período de operação.
B	Remota	10-3 a 10-4	Não deve ocorrer durante o período de operação.
C	Improvável	10-2 a 10-3	Pouco provável de ocorrer durante o período de operação.
D	Provável	10-1 a 10-2	Esperado ocorrer até uma vez durante a vida útil da instalação.
E	Frequente	>10-1	Esperado ocorrer várias vezes durante a vida útil da instalação.

Fonte: Fepam, 2001, p. 44.

- » Severidade: pode se enquadrar em quatro categorias, como mostra o Quadro 4.5.

Quadro 4.5 – Categorias de severidade de um evento

Categoria	Denominação	Descrição / Características
I	Desprezível	Sem danos ou com danos insignificantes aos equipamentos, à propriedade e ao meio ambiente. Não ocorrem lesões graves nem mortes.
II	Marginal	Danos leves aos equipamentos, à propriedade e ao meio ambiente (controláveis ou de baixo custo de reparo). Lesões leves em pessoas.
III	Crítica	Danos severos aos equipamentos, à propriedade e ao meio ambiente. Lesões de gravidade moderada, podendo haver uma chance remota de morte. Exige ações imediatas para evitar seu desdobramento em catástrofe.
IV	Catastrófica	Danos irreparáveis aos equipamentos, à propriedade e ao meio ambiente, levando à parada da unidade ou sistema. Provoca morte ou lesões graves às pessoas.

Fonte: Fepam, 2001, p. 44.

- » **Riscos**: tendo em mãos os resultados da consulta aos quadros de frequência e severidade, cruzamos esses dados na matriz apresentada a seguir de modo a obter o risco em que aquele evento pode se enquadrar (desprezível, menor, moderado, crítico e severo).

Figura 4.5 – Matriz de risco

[Matriz de risco com eixos A, B, C, D, E (horizontal) e I, II, III, IV (vertical), com legenda: Desprezível, Menor, Moderado, Crítico, Severo]

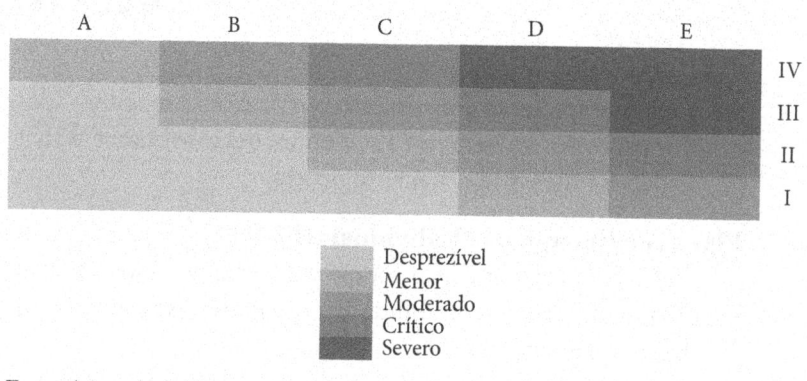

Fonte: Adaptado de Fepam, 2001, p. 45.

» **Medidas**: aquilo que pode ser feito para corrigir ou evitar o perigo;
» **Número do cenário**: numeração utilizada para distinguir os perigos identificados.

Retomando agora o exemplo citado anteriormente (substância XY_3 produzida por um processo industrial que é repassado por mangueiras até ser liberada em tanques de armazenagem), vamos expor os resultados sobre a forma de quadro.

Quadro 4.6 – Resultados expostos sob a forma de tabela (vazamento de XY_3)

Perigo	Causa	Modo de detecção	Efeitos	Categorias			Medidas	Nº cenário
				Frequência	Severidade	Risco		
Vazamento de gases tóxicos	Rompimento das mangueiras	Visual	Nuvem tóxica	D	II	Moderado	• Manutenção • Instalação de coletores de sobras de gases.	1
	Falha nos locais de inserção da mangueira	Visual	Nuvem tóxica	D	II	Moderado	• Manutenção • Instalação de coletores de sobras de gases.	
	Aumento da pressão no tanque	Não há	Explosão	C	IV	Crítico	• Instalar medidor de pressão no tanque.	
	Corrosão do tanque	Visual	Nuvem tóxica	B	II	Menor	• Manutenção • Instalação de coletores de sobras de gases.	

SÍNTESE

- » **Acidentes ambientais**:
    - » A maioria apresenta uma relação com petróleo e seus derivados.
    - » Nos processos vulneráveis a acidentes, deve-se buscar avaliar os danos antes que o acidente ocorra.

- » **Planos de Emergência Individuais (PEIs)**:
    - » PEIs: buscam identificar todos os potenciais riscos, realizar uma análise de vulnerabilidade e criar respostas imediatas diante de um acidente.
    - » Análise de vulnerabilidade: serve para identificar o quanto uma área é vulnerável à contaminação por óleo, levando em consideração fatores ambientais, sociais e econômicos.
    - » Carta de Sensibilidade Ambiental: parte integrante de uma Análise de Vulnerabilidade. Corresponde a um mapa contendo todas as características sociais, ambientais e econômicas da região, simbolizadas por diagramas e cores que facilitam a sua interpretação.
    - » Plano de Área: conjunto de documentos que contém informações sobre as medidas de ação diante de um acidente ambiental envolvendo óleo. É composto por diversos PEIs de diferentes instalações, o que permite maior entendimento e ações mais eficazes.

- » **Análise Preliminar de Risco (APR)**:
    - » Utilizada ao longo de um processo ou atividade que possa trazer danos pessoais, ao ambiente ou ao sistema.
    - » Sua finalidade é identificar um problema antes mesmo que ele ocorra.
    - » Deve ser aplicada durante o período de planejamento ou durante o período inicial de desenvolvimento de um sistema, no qual se busca identificar as falhas durante a sua futura operação.
    - » Durante a sua execução, deve-se levar em conta elementos como: produtos envolvidos (matéria-prima, intermediários e finais), instalações associadas, procedimentos intermediários entre dois processos maiores, equipamentos de segurança e operações (emergência, testes e manutenção).

QUESTÕES PARA REVISÃO

1. O que torna uma área mais ou menos vulnerável a ser atingida por óleo?

2. Cite três fatores ambientais que podem agravar a contaminação de uma área.

3. A seguir, estão listados cinco ambientes em uma área que irá receber um empreendimento que utiliza como matéria-prima o petróleo. Classifique-os em ordem crescente de sensibilidade (1 a 5) e assinale a opção correspondente correta.
   ( ) Manguezal.
   ( ) Costão rochoso liso de alta declividade.
   ( ) Planície lamosa.
   ( ) Praia dissipativa.
   ( ) Praia de cascalho.
   a. 1, 2, 4, 3, 5.
   b. 5, 2, 1, 3, 4.
   c. 5, 1, 4, 2, 3.
   d. 2, 5, 3, 4, 1.

4. Com base em seus conhecimentos sobre a elaboração do Plano de Emergência Individual, assinale (V) para as alternativas verdadeiras e (F) para as falsas. Em seguida, escolha a opção correta:
   ( ) Cada empreendimento deve ser tratado de maneira isolada, sem receber influência de informações de outros que já estejam em operação.
   ( ) Fatores sociais e econômicos devem ser os elementos prioritários na hora de definir o índice de sensibilidade de uma área.
   ( ) Um dos principais fatores a serem analisados é a quantidade de óleo que pode vir a contaminar o ambiente.
   ( ) Deve-se fazer um levantamento detalhado de todas as espécies que habitam a região, incluindo dados de seu comportamento e de ecologia.
   a. F, V, F, V.
   b. F, V, V, F.
   c. F, F, V, V.
   d. F, V, V, V.

5. Sobre a elaboração e a aplicação de uma Análise Preliminar de Risco (APR), assinale as afirmativas corretas e, em seguida, escolha a opção correspondente:
   i. É constituído por três etapas principais: levantamento de dados, análise e apresentação de resultados.
   ii. Uma APR pode ser aplicada em qualquer tipo de sistema industrial, principalmente naqueles que apresentam certo grau de periculosidade.
   iii. Seu preceito básico é identificar um problema antes que ele apareça.
   iv. Normalmente, uma APR é aplicada em fase ainda de projeto ou na fase inicial da instalação.

   a. I, II e IV.
   b. I, III e IV.
   c. II, III e IV.
   d. I, II, III e IV.

QUESTÃO PARA REFLEXÃO

Como forma de desenvolver a capacidade de avaliar o nível de sensibilidade ou vulnerabilidade de uma área, convidamos o leitor a ficar mais atento ao ambiente à sua volta, aos caminhos que traça durante o dia, procurando levantar quais são os pontos mais vulneráveis para a ocorrência de um acidente, mesmo de pequenas proporções. Além disso, quais os fatores agravantes e que pontos seriam afetados diante de um ocorrido? Casas? Rios? Redes de transmissão de energia? Feito isso, reúna-se com seu grupo de estudos e elabore uma Análise Preliminar de Riscos (APR) para os eventos identificados, transcrevendo-os sob a forma de uma tabela.

CAPÍTULO 5 ANÁLISE DE RISCO

O presente capítulo, a exemplo do anterior, seguirá focado em análises que visam à prevenção de acidentes ou à identificação dos fatores que os levam a acontecer. Diante disso, abordaremos mais três tipos de análise: a primeira é a Análise de Perigo e Operabilidade (*HazOp*), aplicada principalmente na fase de planejamento de um sistema, e que foca na identificação de falhas de qualquer tipo (humanas ou não). A segunda é a Análise de Modos de Falhas e Efeitos (Amfe), utilizada tanto na fase de projeto como na construção e operação de um sistema. Ela é focada na identificação de falhas em componentes do sistema, deixando de lado questões de origem humana. O terceiro tipo é a árvore de falhas, representada sob a forma de diagramas e aplicada a partir de um ocorrido (elemento-topo). Nessa análise, realiza-se uma regressão do processo até identificar a falha que o gerou.

CONTEÚDOS DO CAPÍTULO:

» Análise de Modos de Falhas e Efeitos (Amfe).
» Análise de Perigo e Operabilidade (*HazOp*).
» Árvore de falhas.

APÓS O ESTUDO DESTE CAPÍTULO, VOCÊ SERÁ CAPAZ DE:

1. avaliar qual tipo de análise é mais indicada para determinado sistema na hora de identificar ou prevenir falhas;
2. interpretar e elaborar uma Análise de Perigo e Operabilidade (*HazOp*);
3. interpretar e elaborar uma Análise de Modos de Falhas e Efeitos (Amfe);
4. interpretar e elaborar uma árvore de falhas.

5.1 Análise de Perigo e Operabilidade (*HazOp*)

O *HazOp* (*Hazard and Operability Studies*) tem suas origens no ano de 1963, na indústria química, quando as reduções de gastos na produção de fenol geraram a paralisação e o corte em vários setores de determinada empresa. No ano seguinte, uma equipe foi nomeada para retomar os projetos paralisados, buscando detectar problemas. Como resultado, foi identificada uma série de falhas que não haviam sido nem citadas na fase de planta, o que fez surgir uma nova metodologia de prevenção de acidentes (ICI; CIA; CISHEC, 1977).

Esse tipo de análise caracteriza-se pela identificação de falhas de operabilidade em um sistema, com uma metodologia de geração de perguntas baseadas em um conjunto de palavras-guia. Estas são aplicadas nos pontos críticos de um sistema, segundo a análise dos técnicos responsáveis. Seu enfoque engloba tanto questões de segurança, que podem afetar os operadores e os equipamentos, como pequenas falhas de operação, que podem reduzir a produção, acarretando queda na qualidade ou na quantidade do produto final.

5.1.1 Aplicação

O ponto inicial para a aplicação da análise *HazOp* é a criação de uma equipe multidisciplinar, composta por profissionais experientes que possam olhar o sistema de ângulos diferentes. Isso possibilita uma análise com pontos de vista diferenciados, na qual uma falha aparentemente não tão grave para um técnico pode ser observada de forma diferente por outro profissional. Essa dinâmica de pareceres, ao final, acaba somando resultados mais concretos e seguros.

A equipe deve passar então a revisar todos os componentes das instalações e, se necessário, o sistema industrial como um todo, buscando perigos potenciais ou falhas de operação. Muito pode ser obtido com um levantamento pretérito de dados sobre o sistema, no qual se deve buscar:

» aspectos de engenharia, como tubulações e sistemas elétricos;
» descrição de todos os equipamentos da instalação, incluindo a durabilidade, os pontos sensíveis e os materiais de que são feitos;

» fluxogramas que descrevam todo o processo industrial;
» identificação dos produtos envolvidos (matéria-prima, dejetos e produtos finais).

Feito isso, a equipe passa a focalizar os desvios que venham de encontro aos parâmetros estabelecidos para o sistema e, ao passo que estes vão sendo identificados, investe seus esforços nas causas que o produziram e nas consequências que o evento pode acarretar. Esse processo é repetido várias vezes até que todas as possibilidades tenham sido estudadas.

A fase mais indicada para a realização de um *HazOp* é quando o projeto já se encontra bem consolidado e em fase inicial de execução, pois nesse ponto ainda podem ser sugeridas alterações sem grandes despesas ou interrupção na produção da empresa. A principal função do método é demonstrar os resultados de forma qualitativa (apontando os desvios), sem gerar uma classificação baseada em categorias de risco.

Sua elaboração pode ser definida em três passos principais:

1. Divisão do sistema em unidades menores que facilitem o seu entendimento.
2. Escolha do ponto a ser analisado (denominado *nó*).
3. Utilização das palavras-guias em cada um dos nós identificados, de modo a verificar a existência de possíveis desvios. Ao localizar o desvio, devem-se identificar todos os métodos disponíveis para a sua detecção, além das consequências geradas por suas falhas. Finalmente, devem-se sugerir formas de eliminá-lo, para que se possam minimizar os danos.

A seguir são apresentados quadros que facilitam o entendimento referente à elaboração de um *HazOp*.

Quadro 5.1 – Principais termos utilizados na elaboração de uma análise *HazOp*

Termo	Significado
Nós	Pontos do processo que são analisados ao se identificar um desvio.
Desvios	Tudo aquilo que vai de encontro à operação habitual do sistema, sendo denunciados pela utilização de palavras-guia.
Causas	Motivos pelos quais um desvio ocorre, podendo ser por erro humano, falha no sistema ou influência externa.

(*continua*)

(*Quadro 5.1 - conclusão*)

Termo	Significado
Consequências	Aquilo que é decorrente de um desvio em um nó estudado.
Parâmetros do processo	Operações características que fazem parte do sistema, como temperatura, pressão, descargas elétricas, entre outros.
Palavras-guia	Termos utilizados para qualificar os desvios identificados em cada nó.

Fonte: Adaptado de Souza, 1995.

Quadro 5.2 – Principais tipos de desvios associados às palavras-guia

Palavra-guia	Desvio
Não / nenhum	Vai de encontro ao propósito do projeto (não carrega, nenhum fluxo).
Menos / menor	Redução quantitativa (menos energia, menor pressão).
Mais / maior	Aumento quantitativo (mais pressão, maior carga).
Também	Acréscimo qualitativo (também pressiona, também enfraquece).
Parte de	Decréscimo qualitativo (parte da concentração).
Reverso	Oposto ao propósito do sistema (fluxo reverso).
Outro	Substituição (outro que não ar, outro que não óleo).

Fonte: Adaptado de Souza, 1995.

Quadro 5.3 – Exemplos de desvios gerados pela aplicação de palavras-guias em diferentes parâmetros

Palavra-guia	Parâmetros	Desvio
Nenhum Menos Mais reverso Também	Fluxo	Nenhum fluxo Menos fluxo Mais fluxo Fluxo reverso Contaminação
Menos Mais	Pressão	Pressão baixa Pressão alta
Menos Mais	Temperatura	Temperatura baixa Temperatura alta
Menos Mais	Nível	Nível baixo Nível alto
Menos Mais	Viscosidade	Viscosidade baixa Viscosidade alta
Nenhum Menos Mais Reverso Também	Reação	Nenhuma reação Reação incompleta Reação descontrolada Reação reversa Reação secundária

Fonte: Adaptado de Souza, 1995.

Quadro 5.4 – Exemplo de planilha utilizada na *HazOp*

Análise de Perigo e Operabilidade (*HazOp*)

Unidade:							
Sistema:		Equipe:					Data:
Parâmetro:				Nó:			Página:
Palavra-guia	Desvio		Causa	Detecção	Consequência	Providências	

Fonte: Adaptado de ICI; CIA; CISHEC, 1977.

5.1.2 Exemplo de aplicação

Para tornar mais claro como é aplicada uma análise *HazOp*, utilizaremos a seguir um exemplo hipotético de um projeto industrial em que duas substâncias (S1 e S2) são transferidas a um tanque de mistura, onde ocorre uma reação química e a formação de outra substância (S3) (Figura 5.1).

Figura 5.1 – Exemplo hipotético de uma parte de um sistema indústria

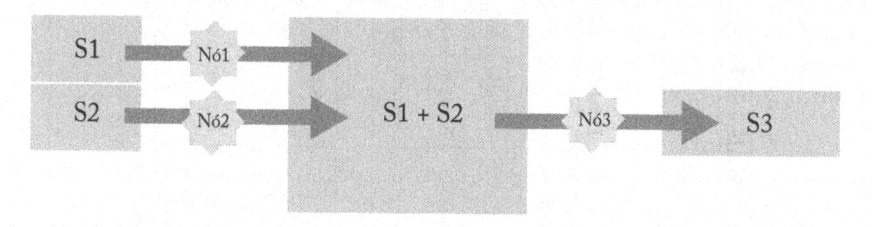

Nota: Duas substâncias (S1 e S2) são transferidas a um tanque de mistura e resultam em uma terceira substância (S3). Ao longo do processo, três nós foram identificados.

Resultados:

Quadro 5.5 – Resultado da aplicação da técnica *HazOp* no exemplo citado

Análise de Perigo e Operabilidade (*HazOp*)

Unidade: X					Data: XX
Sistema: X	Equipe: XXXXX		Nó: 1		Página: X
Parâmetro: Fluxo					
Palavra-guia	**Desvio**	**Causa**	**Detecção**	**Consequência**	**Providências**
Nenhum	Nenhum fluxo	Problemas nas válvulas	Medição do nível de S1 e S2	Acúmulo de S1 e S2 ou erro na mistura	Instalação de leitores de concentração e manutenção dos componentes.
Menos	Menos fluxo	Pouco S1	Medição do nível S1	Decréscimo na produção de S3	
Mais	Mais fluxo	Válvula desregulada	Medição dos níveis de S	Erro na mistura S1 + S2	
Reverso	Fluxo reverso	Problemas nas válvulas	Medição dos níveis de S nos tanques	Transferência de S1 + S2 para os tanques de S1 e S2	

Parâmetro: Pressão					Página: X
				Nó: 1	
Palavra-guia	**Desvio**	**Causa**	**Detecção**	**Consequência**	**Providências**
Menos	Menos pressão	Problemas nas válvulas	Medição do nível de S1	Erro na mistura S1 + S2	Instalação de leitores de concentração e manutenção dos componentes.
Mais	Mais pressão	Problemas nas válvulas	Medição do nível de S1	Erro na mistura S1 + S2	

Análise de Perigo e Operabilidade (*HazOp*)

Unidade: X			Data: XX
Sistema: X	Equipe: XXXXX	Nó: 2	Página: X
Parâmetro: Fluxo			

(*continua*)

(Quadro 5.5 - conclusão)

Palavra-guia	Desvio	Causa	Detecção	Consequência	Providências
Nenhum	Nenhum fluxo	Problemas nas válvulas	Medição do nível de S1 e S2	Acúmulo de S1 e S2 ou erro na mistura	Instalação de leitores de concentração e manutenção dos componentes.
Menos	Menos fluxo	Pouco S2	Medição do nível S2	Decréscimo na produção de S3	
Mais	Mais fluxo	Válvula desregulada	Medição dos níveis de S	Erro na mistura S1 + S2	
Reverso	Fluxo reverso	Problemas nas válvulas	Medição dos níveis de S nos tanques	Transferência de S1 + S2 para os tanques de S1 e S2	

Parâmetro: Pressão

Nó: 2 | Página: X

Palavra-guia	Desvio	Causa	Detecção	Consequência	Providências
Menos	Menos pressão	Problemas nas válvulas	Medição do nível de S2	Erro na mistura S1 + S2	Instalação de leitores de concentração e manutenção dos componentes.
Mais	Mais pressão	Problemas nas válvulas	Medição do nível de S2	Erro na mistura S1 + S2	

Análise de Perigo e Operabilidade (*HazOp*)

Unidade: X

Sistema: X | Equipe: XXXXX | | Data: XX

Parâmetro: Reação

Nó: 3 | Página: X

Palavra-guia	Desvio	Causa	Detecção	Consequência	Providências
Nenhum	Nenhuma reação	Problemas nas válvulas	Medição da mistura S3 assim como de S1 e S2	Erro de mistura em S3	Instalação de leitores de concentração e manutenção dos componentes.
Menos	Reação incompleta	Pouco S1 ou pouco S2	Medição da mistura S3 assim como de S1 e S2	Erro de mistura em S3	
Mais	Reação descontrolada	Entrada de muito S1 e S2	Medição da mistura S3 assim como de S1 e S2	Erro de mistura em S3	
Reverso	Reação reversa	Problemas nas válvulas	Medição dos níveis de S nos tanques	Mistura de S3 nos diferentes tanques	

5.2 Análise de Modos de Falhas e Efeitos (Amfe)

Derivada da expressão em inglês *Failure Modes and Effects Analysis* (FMEA), a Análise de Modo de Falhas e Efeitos (Amfe) tem suas origens nos Estados Unidos como uma técnica de avaliação da confiabilidade dos equipamentos militares (Rodrigues et al., 2010). Atualmente é empregada em diferentes áreas, como sistemas hidráulicos, circuitos elétricos, reatores, siderurgias e equipamentos em geral. Seu foco é identificar as falhas dos componentes em si, deixando um pouco de lado problemas associados a falhas operacionais ou a erros humanos (Rodrigues et al., 2010).

Os principais objetivos a serem alcançados com a aplicação de uma Amfe são a revisão do sistema em busca de falhas e a determinação dos efeitos negativos que elas podem ocasionar nos demais componentes e no sistema como um todo (Sakurada, 2001). Desse tipo de análise deriva ainda a Análise de Modos de Falhas, Efeitos e Criticidade (Amfec), cujo diferencial é a criação de categorias de criticidade baseadas nos efeitos decorrentes das falhas, permitindo uma comparação mais simples entre os resultados.

A aplicação desse tipo de análise é recomendada em todas as fases de execução (ainda na planta, na construção e na operação). Entretanto, quando empregada nas fases iniciais, possibilita a criação de melhores estratégias de correção, com menos gastos por parte da empresa. Além disso, é aconselhável que, antes do início da sua execução, efetue-se um levantamento de todos os equipamentos, procedimentos e materiais envolvidos, bem como o estudo de todo o processo industrial, para que se entenda de maneira detalhada e bem definida o tipo de sistema com que se está lidando e para que não exista margem de dúvida na análise de um componente.

5.2.1 Aplicação

Algumas etapas são sugeridas para que seja aplicada uma Amfe ou uma Amfec:
1. **Definir o detalhamento da análise**: esta etapa está ligada ao tipo de sistema, principalmente quanto à sua complexidade, e aos objetivos que se pretende com a execução.
2. **Definir como os resultados serão apontados**: esta fase nada mais é do que a escolha do tipo de tabela a ser utilizada e dos itens que ela contém, sendo também proporcional aos objetivos a serem alcançados e ao nível de detalhamento (Figura 5.2).

Quadro 5.6 – Modelo de tabela utilizado na aplicação de Amfe

Empresa										Unidade	
Sistema											
Data de início	Data de revisão	Página				Equipe					
Componente	Função	Falha	Efeitos	CS	Causas	IO	IDF	NPR	Ações	Responsável	

Fonte: Sakurada, 2001, p. 60.

» Itens:
   » **Empresa**: nome da instituição responsável.
   » **Unidade**: setor da empresa a que o componente avaliado pertence.
   » **Sistema**: identificação do sistema a que se está aplicando o Amfe.
   » **Data de início e revisão**: primeira e última avaliação.
   » **Página**: identificação da planilha.
   » **Componente**: aquilo que se está analisando.
   » **Função**: papel que o componente deve desempenhar.
   » **Falha**: qual falha o componente pode apresentar.
   » **Efeito**: o que a falha pode causar no sistema.
   » **Categoria de Severidade (CS)**: índice de 1 a 10 baseado nos efeitos.

Tabela 5.1 – Categorias de Severidade (CS)

Severidade	Categoria
A falha não acarreta nenhum dano visível	1
A falha acarreta danos leves	2 – 3
A falha acarreta danos moderados	4 – 6
A falha acarreta danos de médio a grande porte ao sistema	7 – 8
A falha acarreta danos elevados que podem colocar em risco a segurança da empresa	9 – 10

Fonte: Adaptado de Sakurada, 2001, p. 55.

> » **Causas**: problemas que podem ter originado as falhas.
> » **Índice de Ocorrência (IO)**: valor de 1 a 10.

Tabela 5.2 – Índices de Ocorrência (IO)

Probabilidade de Ocorrer	Chance de Ocorrer	Escore
Remota	0	1
Baixa	1/20.000 1/10.000	2 3
Moderada	1/2.000 1/1.000 1/200	4 5 6
Alta	1/100 1/20	7 8
Muito alta	1/10 ½	9 10

Fonte: Sakurada, 2001, p. 55.

> » **Índice de Detecção de Falhas (IDF)**: valor de 1 a 10.

Tabela 5.3– Índice de Detecção de Falhas (IDF)

Probabilidade de não detectar a falha	Probabilidade (%) de seu defeito individual acontecer	Escore
Remota	0 – 5	1
Baixa	6 – 15 16 – 25	2 3
Moderada	26 – 35 36 – 45 46 – 55	4 5 6
Alta	56 – 65 66 – 75	7 8
Muito alta	76 – 85 86 – 100	9 10

Fonte: Sakurada, 2001, p. 55.

- » **Número de Prioridade de Risco (NPR)**: obtido por Severidade x Ocorrência x Detecção.
- » **Ações**: ações recomendadas para corrigir as falhas.
- » **Responsável (Re)**: nome da pessoa responsável pela correção da falha.

5.2.2 Exemplo de aplicação

Para exemplificar a aplicação de uma Amfe, utilizaremos a hipótese-simples de um reservatório (Figura 5.2). A água entra por (1) e enche o reservatório até fazer com que a boia (4) se eleve juntamente com o volume e tampe a entrada. Feito isso, o reservatório atingiu a sua capacidade máxima. Caso a boia estrague, o tanque enche constantemente e passa a vazar pelo ladrão (2). Para retirar água do sistema, utiliza-se o registro (3).

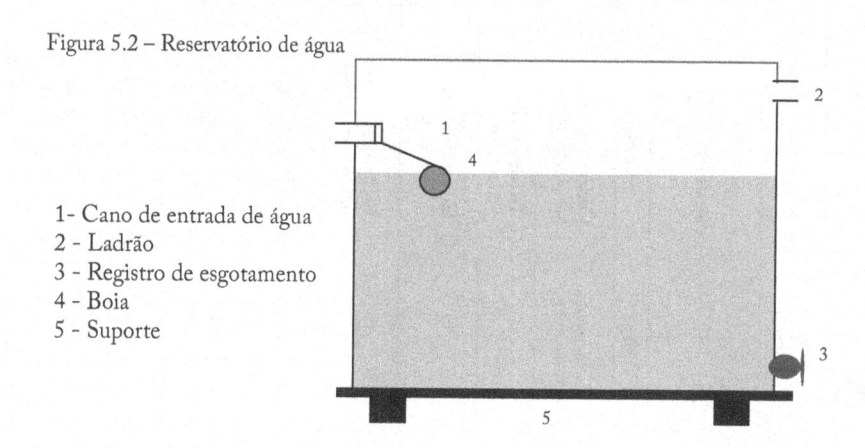

Figura 5.2 – Reservatório de água

1- Cano de entrada de água
2 - Ladrão
3 - Registro de esgotamento
4 - Boia
5 - Suporte

Quadro 5.7 – Resultado da Análise de Modos de Falhas e Efeitos

Empresa XXX									Unidade XXX	
Sistema XXX									Equipe XXX	
Data de revisão xx/xx/xxxx			Página xx					XXX		
								XXX		
Data de início xx/xx/xxxx										
Componente	Função	Falha	Efeitos	CS	Causas	IO	IDF	NPR	Ações	Re
Cano de entrada	Entrada de água no sistema	Entupimento Vazamento	Comprometimento do abastecimento	2	Falha na limpeza	4	4	32	Manutenção	X
Ladrão	Escape de emergência	Entupimento	Transbordamento do reservatório	3	Falha na limpeza	4	4	48	Manutenção	X
Registro	Esgotamento	Quebra	Incapacidade de esgotamento	3	Falta de manutenção Material de baixa qualidade	5	3	45	Manutenção e troca periódica	X
Boia	Limitar a quantidade de água	Quebra	Enchimento contínuo do reservatório	3	Material de baixa qualidade	4	8	96	Manutenção e troca periódica	X
Suporte	Sustentar o sistema	Quebra	Comprometimento do sistema	9	Falta de manutenção Material de baixa qualidade	2	2	36	Manutenção	X
Recipiente	Armazenagem	Corrosão Vazamento	Perda de água	6	Falta de manutenção Material de baixa qualidade	2	2	24	Manutenção	X

5.3 Árvore de falhas

A Análise de Árvore de Falhas (AAF) foi desenvolvida inicialmente pelo laboratório de uma empresa telefônica no início da década de 1960, visando a um enfoque dedutivo a partir de um evento-topo para descobrir problemas técnicos (Henley; Kumamoto, 1981). Hoje, esse tipo de avaliação é empregado em larga escala em diferentes setores da indústria, com o objetivo de avaliar um ocorrido, fazendo o caminho reverso passo a passo até que se possam identificar as suas causas.

A sua aplicação pode ser resumida em cinco etapas básicas:

1. escolha do evento que se deseja avaliar;
2. levantamento de todos os dados possíveis sobre o sistema avaliado, incluindo dados de operação, componentes, interfaces, produtos envolvidos, histórico, entre outros;
3. construção de um diagrama que possibilite a interpretação do ocorrido;
4. avaliação e interpretação do diagrama criado;
5. emissão dos resultados obtidos pela análise do sistema, que deve ser apresentado aos responsáveis.

O principal objetivo da aplicação dessa análise é identificar qualquer falha dentro de um sistema (tanto em equipamentos quanto humanas) que possa afetar os componentes envolvidos. Pode ser utilizado ainda na fase de projeto, para descobrir falhas que possam ter passado despercebidas, ou durante o funcionamento do sistema, seja como uma forma de prevenção, seja como meio para descobrir realmente o que ocasionou as falhas. Os resultados são apresentados sob a forma de uma lista contendo todos os pontos falhos a serem corrigidos.

5.3.1 Aplicação

O ponto inicial para a execução de uma árvore de falhas – assim como o das outras análises citadas até agora – é o conhecimento do sistema com o qual se está trabalhando. É fundamental que se tenha uma noção do funcionamento de todos os componentes, visto que uma das metas da análise é identificar pontos falhos. Vale ressaltar que, para isso, outras análises podem ser necessárias, como a Amfe.

Outro ponto importante é a composição da equipe que executa a análise. Ela deve ser experiente e ter domínio sobre o contexto. Pode haver uma divisão dos ramos da árvore para que profissionais diferentes obtenham pareceres distintos e possam discutir os melhores caminhos a serem tomados. Fatores relativos ao tempo de execução e aos custos envolvidos estão diretamente relacionados à natureza e à complexidade do que se está avaliando – bem como à experiência da equipe envolvida.

Para expor de maneira simplificada uma análise, utilizamos a confecção de diagramas, o que permite uma interpretação mais fácil dos resultados, mesmo por pessoas que não apresentam muita intimidade com o processo avaliado (Dirección General de Protección Civil, 1990). Os elementos do diagrama podem ser vistos na Figura 5.3.

Figura 5.3 – Elementos utilizados na elaboração de um diagrama

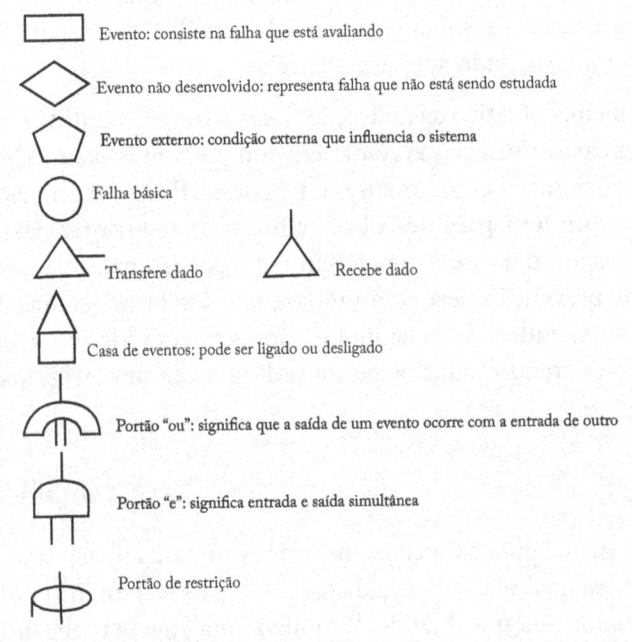

- Evento: consiste na falha que está avaliando
- Evento não desenvolvido: representa falha que não está sendo estudada
- Evento externo: condição externa que influencia o sistema
- Falha básica
- Transfere dado
- Recebe dado
- Casa de eventos: pode ser ligado ou desligado
- Portão "ou": significa que a saída de um evento ocorre com a entrada de outro
- Portão "e": significa entrada e saída simultânea
- Portão de restrição

Fonte: Sakurada, 2001, p. 40-41.

Os termos e definições relevantes são os seguintes:

» **Falhas primárias**: decorrentes do mau funcionamento do equipamento, ocorrem nas condições em que o equipamento foi projetado para suportar certos problemas externos (exemplo: um item se rompe em condições normais de funcionamento).
» **Falhas secundárias**: decorrentes do mau funcionamento do equipamento, ocorrem em ambientes em que o equipamento não foi projetado para suportar certos problemas externos (exemplo: um item se rompe graças a uma oscilação de temperatura).
» **Falhas de comando**: falhas no sistema decorrentes do mau funcionamento de algum comando (exemplo: o alarme de excesso de temperatura falhou e determinado item acaba se rompendo).
» **Evento-topo ou principal**: é o ponto principal do sistema a ser avaliado. É a partir dele que a árvore se desenvolve.
» **Eventos considerados**: listagem de todos os eventos que podem estar associados ao topo e de que forma podem afetá-lo.
» **Limites**: correspondem às extensões máximas que a análise pode ter, isto é, são o conjunto de tudo aquilo que é realmente importante.
» **Nível de resolução**: está associado aos limites impostos pela análise e aonde se quer chegar com a sua execução. Para esse item, no caso de sistemas mais críticos, é interessante que se aplique uma Amfe preteritamente.

Para a construção da árvore, a metodologia é simples. Ela inicia com um evento-topo e regride nível a nível, por todos os eventos que o antecederam, tentando identificar o conjunto de fatores que culminaram no evento em questão. Para cada caso deve-se empregar um símbolo (assim como mostrado anteriormente) e escrever no seu interior uma letra ou palavra que possibilite a sua identificação.

Uma vez montada a árvore, passa-se a analisar suas extremidades, isto é, os pontos de entrada e os eventos mais básicos. Caso seja necessário, divide-se a árvore em unidades (ramos) menores para que sejam analisadas em partes.

5.3.2 Exemplos de aplicação

Para exemplificar a construção de uma árvore de falhas, partiremos de dois casos hipotéticos. No primeiro, um caminhão tanque carregado de combustível explodiu ao descarregar gasolina em um posto de combustível. As etapas são:

1. levantamento de dados sobre o processo;
2. evento-topo: explosão do tanque;
3. diagrama.

Figura 5.4 – Árvore de falhas referente ao acidente com um caminhão carregado com combustível

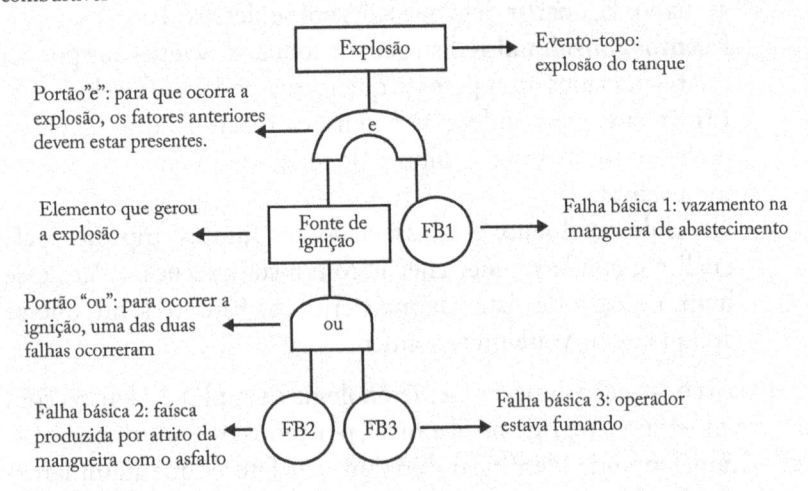

- Explosão → Evento-topo: explosão do tanque
- Portão "e": para que ocorra a explosão, os fatores anteriores devem estar presentes.
- Elemento que gerou a explosão ← Fonte de ignição
- FB1 → Falha básica 1: vazamento na mangueira de abastecimento
- Portão "ou": para ocorrer a ignição, uma das duas falhas ocorreram
- Falha básica 2: faísca produzida por atrito da mangueira com o asfalto ← FB2
- FB3 → Falha básica 3: operador estava fumando

O segundo exemplo é um descarrilamento de um trem carregado de grãos. As etapas são:

1. levantamento de dados sobre o processo;
2. evento-topo: descarrilamento do trem;
3. diagrama.

Figura 5.5 – Árvore de falhas referente ao descarrilamento de um trem

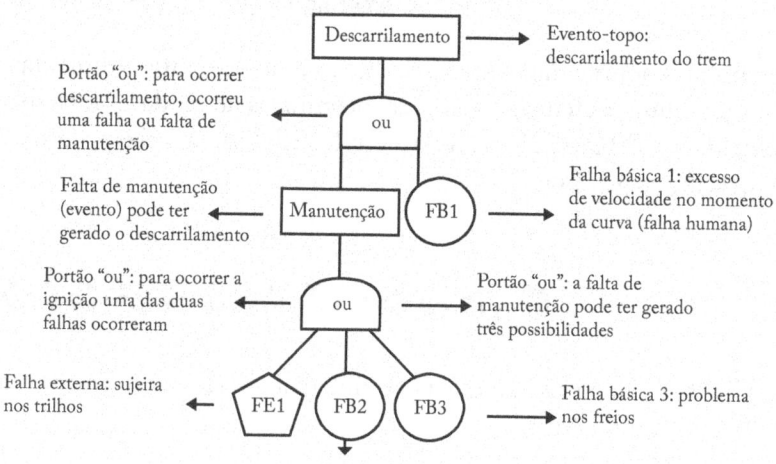

Portão "ou": para ocorrer descarrilamento, ocorreu uma falha ou falta de manutenção

Evento-topo: descarrilamento do trem

Falta de manutenção (evento) pode ter gerado o descarrilamento

Falha básica 1: excesso de velocidade no momento da curva (falha humana)

Portão "ou": para ocorrer a ignição uma das duas falhas ocorreram

Portão "ou": a falta de manutenção pode ter gerado três possibilidades

Falha externa: sujeira nos trilhos

Falha básica 3: problema nos freios

Falha Básica 2: trilhos mal conservados

SÍNTESE

	HazOp	Amfe	AF
Função	Identificação de falhas de operabilidade	Identificação de falhas de operabilidade	Identificação das causas de uma falha
Fase de aplicação	Projeto bem consolidado em fase inicial de execução	Todas as fases do projeto	Todas as fases do projeto
Foco	Todo o sistema	Componentes (não considera falhas humanas)	Todo o sistema
Metodologia	Geração de perguntas através de palavras guia	Descrição de componentes	Elaboração de diagramas
Interpretação	Tabelas	Tabelas	Diagrama

CAPÍTULO 5

PARA SABER MAIS

Informações sobre análise de risco, bem como acidentes ambientais (histórico, causas e efeitos) podem ser encontradas no *site* da Companhia Ambiental do Estado de São Paulo – CETESB. Disponível em: <http://www.cetesb.sp.gov.br>.

QUESTÕES PARA REVISÃO

1. Cite três características que possibilitam a diferenciação entre uma *HazOp* e uma Amfe.

2. O que torna uma árvore de falhas mais simples na sua interpretação dos que as outras análises?

3. Com relação à análise *HazOp*, assinale (V) para as alternativas verdadeiras e (F) para as falsas. Em seguida, escolha a opção correspondente:
   ( ) Pode abranger desde pequenas falhas de operação até panes que possam vir a comprometer todo o sistema.
   ( ) Não analisa falhas ligadas a erros humanos.
   ( ) Apresenta como base da sua metodologia a utilização de palavras-guia para responder aos desvios identificados no sistema.
   ( ) As palavras-guia são aplicadas a elementos a serem avaliados, dando origem a desvios.
   a. V, V, V, F.
   b. F, F, V, F.
   c. V, F, V, V.
   d. F, V, V, V.

4. Com relação à Análise de Modos de Falhas e Efeitos (Amfe), analise as afirmativas a seguir. Em seguida, escolha a proposição correta:
   i. Avalia qualquer tipo de falha relacionada aos componentes e ao modo de operação.
   ii. Caso seja necessário, podem se estabelecer categorias de criticidade para cada tipo de componente, passando então e ser denominada de Amfec.

iii. Utiliza índices e escores baseados na probabilidade de ocorrência e detecção de uma falha.
iv. É aplicável em todas as fases de desenvolvimento de um sistema.
a. Apenas as afirmativas I e IV estão corretas.
b. Apenas as afirmativas II, III e IV estão corretas.
c. Apenas as afirmativas III e IV estão corretas.
d. Apenas as afirmativas II e IV estão corretas.

5. Em relação às árvores de falhas, assinale a alternativa **incorreta**:
   a. Organiza-se a partir de um evento topo.
   b. É desenvolvida por meio de diagramas, o que a torna mais fácil de ser interpretada.
   c. O principal ponto negativo dessa análise é que ela apresenta maior simplicidade na demonstração dos resultados. Também está sujeita a um maior número de erros.
   d. Para sua elaboração, dependendo do caso, pode ser conveniente aplicá-la em conjunto com outras análises, como a Amfe, por exemplo.

QUESTÃO PARA REFLEXÃO

Como uma forma de exercitar a capacidade do leitor em identificar falhas em um sistema, escolha algum imprevisto que tenha ocorrido na sua vida, como um pneu furado, um vazamento de água ou a quebra do vidro de uma janela, e veja o ocorrido como uma série de falhas cujas causas devem ser encontradas. Feito isso, aplique as metodologias estudadas neste capítulo, seja para preveni-las futuramente, seja para identificá-las.

CAPÍTULO 6 ECOSSISTEMAS

Quais ecossistemas são mais vulneráveis ou mais sensíveis à contaminação? Para respondermos a essa questão, devemos levar em conta todas as características do local envolvido, incluindo as espécies que o habitam e os fatores abióticos (marés, pluviosidade, sedimentos, entre outros). Somado a isso, precisamos relembrar o que foi visto no Capítulo 1 sobre interações entre organismos para que possamos avaliar o grau de complexidade do sistema em questão. Um acidente ambiental envolvendo qualquer tipo de poluente nunca ficará restrito ao local em que ocorre. Por exemplo: se ocorrer em terra, poderá contaminar a água e a atmosfera; caso ocorra em mar aberto, distante da costa, afetará a região costeira por ação das marés; tratando-se de emissões atmosféricas, pode retornar ao meio terrestre pelas precipitações. Além disso, é importante ter em mente que é impossível limpar completamente um ambiente atingido, pois o poluente pode ficar impregnado no tecido dos organismos e levá-los à morte muito tempo depois de se "concluir" que o problema foi resolvido. Além disso, o poluente pode ser incorporado à cadeia alimentar, vindo a contaminar outros organismos de níveis tróficos diferentes. Tendo esse contexto em vista, este capítulo é dedicado ao estudo dos ecossistemas, bem como aos impactos gerados pelos poluentes e às formas de contenção, limpeza e monitoramento empregados nos locais atingidos.

CONTEÚDOS DO CAPÍTULO:

» Principais tipos de ecossistemas que recorrentemente são atingidos por acidentes ambientais.
» Fatores ambientais (físicos, químicos e biológicos) que caracterizam e tornam vulnerável um ecossistema.
» Principais impactos que os poluentes causam sobre os ambientes. Ferramentas e métodos utilizados para contenção, limpeza e monitoramento dos locais atingidos.

APÓS O ESTUDO DESTE CAPÍTULO, VOCÊ SERÁ CAPAZ DE:

1. identificar e reconhecer as principais características dos ecossistemas mais vulneráveis a acidentes ambientais;
2. compreender quais características tornam esses ecossistemas vulneráveis;
3. reconhecer os impactos negativos que um poluente pode gerar dentro de um ecossistema;
4. compreender as principais medidas de ação empregadas em cada tipo de situação, incluindo a contenção, a limpeza e o monitoramento das áreas.

6.1 Definição de *ecossistema*

Relembrando aquilo que já foi dito no Capítulo 1, entende-se por *ecossistema* o conjunto de espécies que ocupam determinada localidade, interagindo entre si e com o ambiente em que vivem. Para dimensionar essa dinâmica, podemos citar como exemplo uma floresta tropical, composta por várias espécies de complexas relações ecológicas; uma árvore, na qual podem ser encontradas plantas epífitas, fungos, invertebrados, vertebrados e inúmeros organismos microscópicos em interação; e, em escala ainda mais reduzida, podemos pensar no conteúdo líquido do interior de uma bromélia que vive sobre uma árvore, onde pequenos invertebrados, larvas, protozoários e algas vivem dependentes daquele local.

Os exemplos citados mostram que a identificação de um ecossistema pode variar conforme a escala que se está utilizando, pois tanto a árvore como o conteúdo líquido da bromélia podem fazer parte de uma floresta tropical, que, por sua vez, também pode ser considerada um ecossistema. Outro ponto importante que se deve ter em mente é que um ecossistema não é algo isolado, pois apresenta um fluxo de organismos e está exposto a influências externas, como fatores climáticos e entrada e saída de nutrientes.

6.2 Ecossistemas marinhos

Cerca de 71% da superfície terrestre é coberta por água salgada. Ela é o *habitat* de uma imensa variedade de organismos adaptados a diferentes variáveis ambientais, como salinidade, taxa de oxigênio dissolvido, disponibilidade de nutrientes, quantidade de luz e temperatura (Ré, 2005). A água apresenta caráter "salgado" pela presença de sais (na sua grande maioria sódio e cloretos), que variam em concentração graças à dinâmica entre a evaporação e a precipitação, o que cria um gradiente de salinidade (Findlay; Sinsabaugh, 2003).

As maiores concentrações de oxigênio no meio marinho encontram-se nas regiões mais superficiais, graças à maior intensidade da atividade fotossintética e à proximidade com a atmosfera (Ré, 2005). Com o aumento da profundidade, as taxas tendem a diminuir, atingindo um limite nas zonas em torno de 1000 m, quando a influência de correntes marítimas advindas de regiões mais frias, ricas em oxigênio, passam a equilibrar esses valores (Ré, 2005).

Juntamente com os sais e o oxigênio, encontram-se suspensos na água compostos orgânicos e inorgânicos, principalmente nitratos e fosfatos. Sua disposição na coluna pode variar, porém, eles tendem a uma maior concentração em profundidades maiores e menor disponibilidade nas regiões superficiais, graças ao processo de deposição.

A luz disponível para os organismos marinhos é inversamente proporcional à profundidade, sendo maior nas regiões superficiais e tendendo à escuridão total nas áreas mais profundas. Esse fator justifica o fato de que a produção marinha se concentra na porção mais próxima da superfície, que é a região de maior concentração de fitoplâncton.

O último fator – e talvez o que mais influencia na dinâmica dos meios aquáticos – é a temperatura. Ela varia horizontalmente quanto à latitude (decrescendo à medida que se afasta da Linha do Equador) e verticalmente quanto à profundidade (diminuindo com o aumento da profundidade) (Findlay; Sinsabaugh, 2003).

6.2.1 Massas de água

A densidade da água é influenciada diretamente pela temperatura e pela salinidade: em ambientes com temperaturas elevadas, a água tende a ser menos densa; em locais com elevada salinidade, a água tende a ser mais densa. A variação de densidade da água ocasionada por esses fatores leva à sua estratificação. Os estratos recebem o nome de *massas de água*.

A seguir serão descritos alguns fenômenos ligados à movimentação das massas de água:

» **Fenômenos periódicos**: apresentam um período definido para acontecer. Um exemplo típico são as marés, que correspondem a oscilações verticais nos níveis da água influenciadas pela atração gravitacional exercida pelo Sol e pela Lua.
» **Fenômenos aperiódicos**: ocorrem aleatoriamente, sem um período definido. Como exemplo podemos citar as ondas e as **vagas**$^\infty$, geradas pela ação dos ventos sobre a superfície da água.
» **Correntes marinhas**: enquadram-se como movimentos aperiódicos. São definidas pelo deslocamento horizontal das massas de água influenciado por três fatores: movimento de rotação da Terra, ação dos ventos e diferenças de densidade da água (Figura 6.1 – ver Apêndices ao fim desta obra).
» **Ressurgência**: corresponde à movimentação das massas de água fria de regiões mais profundas, ricas em nutrientes, para locais mais rasos (Figura 6.2). Para isso, os ventos (em conjunto com a rotação da Terra) deslocam as camadas mais superficiais da água em direção oposta à costa, que, por sua vez, dá lugar para as massas mais frias. Ao acontecer isso, uma grande quantidade de nutrientes torna-se disponível na superfície e promove a proliferação do plâncton, gerando um **evento em cascata**$^\infty$ de riqueza de espécies nessas áreas.

Figura 6.2 – Ilustração de uma área de ressurgência
a- Deslocamento das camadas superficiais
b- Massas de águas frias ricas em nutrientes
c- Abundância de espécies influenciadas pela disponibilidade de nutrientes

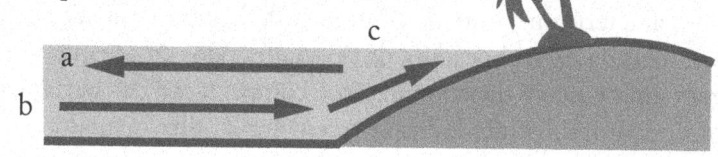

6.2.2 Geografia

Costuma-se dividir as águas marinhas em dois grupos: os **oceanos**, que correspondem às grandes porções de água, e os **mares**, com profundidades menores e mais próximos da terra (Ré, 2005). Este último ainda pode receber a seguinte subdivisão: limítrofes (situados nas margens dos continentes), mediterrâneos (situados no interior dos continentes e conectados ao oceano por um estreito), interiores (localizados no interior dos continentes e conectados a outros mares por um estreito) e fechados (localizados no interior dos continentes, mas sem comunicação com outros mares ou oceanos). A região marinha que costeia toda a extensão dos continentes também pode receber o nome de *plataforma continental*.

6.2.3 Estuários

Entende-se como *estuário* os locais em que a água doce, advinda do continente (por drenagem natural ou por influência de rios), encontra-se com o mar, seja permanentemente, seja periodicamente. Esses locais apresentam uma constante variação no teor de salinidade. O local onde o rio se ramifica e desemboca no mar recebe o nome de *delta*, podendo muitas vezes estar associado a ambientes estuarinos.

6.2.4 Manguezais

O desenvolvimento dos manguezais se dá graças ao tipo de solo litorâneo e, principalmente, à dinâmica das águas sobre o ambiente costeiro, onde a variação das marés possibilita a ocupação das espécies vegetais que caracterizam o sistema (Figura 6.3). A acumulação de sedimentos oriundos da desembocadura de rios ou trazidos do oceano pelas marés gera um processo de acumulação e compactação das partículas, constituindo um substrato lodoso rico em argila, **silte**$^{\infty}$ e matéria orgânica. Esse sedimento é ideal para a fixação de determinadas espécies de plantas que, ao se desenvolverem, criam raízes que auxiliam na retenção desse material.

Figura 6.3 – Foto de manguezal na região da APA de Cananéia-Iguape-Peruíbe, SP

Crédito: Henrique Chupil

A água doce é outro fator que interfere na manutenção desses ambientes, seja ela oriunda de rios, seja apenas das chuvas –, caso que explica a existência de manguezais em ilhas. Um fator limitante para o seu desenvolvimento é a temperatura. As espécies vegetais que caracterizam os manguezais preferem locais quentes, o que explica sua distribuição na zona intertropical.

Todas as características citadas anteriormente compõem um conjunto de fatores ideais para a manutenção de várias espécies, tais como temperaturas mais elevadas, taxas de oxigênio dissolvido, PH, nutrientes e minerais. Portanto, os manguezais são áreas que apresentam uma elevada importância ecológica e econômica, tais como:

- » retenção de sedimentos oriundos de rios e do oceano;
- » proteção dos ambientes costeiros, já que o mangue atua como uma barreira contra a erosão;
- » decomposição de sedimentos e consequente ciclagem de nutrientes;
- » graças ao acúmulo de nutrientes, os manguezais compõem uma das principais zonas de produção primária, além de serem fonte de carbono;
- » locais de alimentação, descanso e reprodução de inúmeras espécies, principalmente peixes e aves.

Contaminação em manguezais

Os manguezais são tidos como um dos ambientes mais sensíveis à contaminação (principalmente por óleo), graças às suas características relacionadas à sedimentação e aos diversos aspectos ecológicos atribuídos a esses locais. No Brasil, essa sensibilidade torna-se ainda maior, pelo fato de que a distribuição dos manguezais está próxima a baías, enseadas ou nas proximidades de portos e polos industriais, o que faz com que os riscos de contaminação aumentem. Como agravante, as espécies vegetais e animais que habitam essas localidades são muito sensíveis ao óleo.

Uma vez contaminado, graças às características ambientais, são poucas as técnicas disponíveis para limpeza desses locais. Ela depende quase exclusivamente de processos naturais, de modo que a recuperação pode levar décadas. Portanto, a principal medida de ação voltada para acidentes nas proximidades de áreas de mangue é a contenção. Se a ameaça vier do meio terrestre, devem ser feitas barreiras em riachos e valas para desviar o curso do poluente. Caso a ameaça venha do mar, boias de contenção e absorção devem ser dispostas ao longo da área para impedir que o material invada o mangue.

6.2.5 Marismas

As marismas desenvolvem-se em depressões sobre a influência da água salgada e da água doce. Caracterizam-se pelo terreno arenoso e lodoso, alagado e com o predomínio de espécies vegetais herbáceas. Estando sobre a influência das marés e dos rios, as marismas apresentam (a exemplo dos manguezais) elevada quantidade de matéria orgânica disponível, o que resulta em elevada taxa produtiva. Os organismos que habitam esse ambiente devem estar adaptados à constante variação nos níveis de salinidade, a períodos de inundação e às variações de temperatura.

No Brasil, as marismas encontram-se distribuídas em maior escala nos estados de Santa Catarina e Rio Grande do Sul, estando expostas a diferentes ameaças, como a ocupação humana desordenada, a expansão portuária, a poluição e a transformação dessas áreas para cultivo de organismos aquáticos.

Contaminação em marismas

As marismas estão (juntamente com os manguezais) entre os ambientes mais sensíveis à contaminação, principalmente por óleo. Os campos de vegetação herbácea que caracterizam esses ambientes podem ser afetados de maneira diferenciada, conforme o período do ano. Se a contaminação ocorrer na época de floração, pode afetar futuramente a dispersão, o brotamento das sementes e a consequente manutenção do sistema; caso ocorra no inverno, quando a maioria das plantas encontra-se com as partes aéreas mortas (apenas as raízes vivas), os impactos são menores – se o poluente for retirado até o momento em que brotem novamente.

A limpeza nesses ambientes é dificultada por dois fatores: pelo baixo hidrodinamismo, o que reduz o processo natural de limpeza, e pelo fato de o substrato ser composto por material lodoso, que se mistura facilmente ao poluente. Entre as técnicas de limpeza indicadas, estão a limpeza manual, a utilização de material absorvente e o corte e a remoção da vegetação.

6.2.6 Costão rochoso

Consistem em ambientes caracterizados pela floração de rochas que emergem do mar, moldadas principalmente pela ação dos ventos, das marés e dos organismos que as habitam. A dinâmica desses locais se dá graças ao movimento das marés, que expõem ou encobrem porções do ambiente, além da quantidade de luz disponível, das variações de temperatura e da intensidade dos ventos. Pode ser constituído por blocos únicos de rochas verticais ou porções fragmentadas de inclinações menores, que podem resultar no aparecimento de poças que servem de *habitat* para várias espécies. Além disso, os paredões de pedra servem de substrato para vários animais (**cracas**$^\infty$, mexilhões, ostras, equinodermos, entre outros) e plantas (**macroalgas**$^\infty$).

De acordo com o dinamismo da água, os costões rochosos podem ser divididos em **expostos** (elevada ação das ondas, o que resulta em menor diversidade de espécies) e **abrigados** (exposto a menor ação das ondas, o que permite a fixação dos organismos e maior riqueza de espécies).

Contaminação em costão rochoso

A sensibilidade dos organismos que habitam o costão rochoso é variável. Espécies de algas incrustantes podem ser mais resistentes, em razão da camada de mucilagem que as recobre, facilitando a retirada do poluente pela ação das ondas, fato também verificado nas cracas. Organismos como equinodermos (ouriços e estrelas-do-mar), caranguejos e gastrópodes (caramujos) estão entre os mais sensíveis. Fatores como a fragmentação das rochas e a presença de poças e fendas ajudam a tornar o ambiente mais sensível.

Os processos de limpeza desses locais são mais diversificados que nos ambientes vistos anteriormente. No entanto, eles visam à retirada do poluente e não levam em conta os organismos aderidos às rochas. Com isso, os meios mais utilizados são a limpeza por jatos de água, bombeamento, remoção manual, lavagem, colocação de materiais absorventes e limpeza natural.

6.2.7 Praias costeiras

Distribuem-se no limite inicial da plataforma continental, sendo moldadas principalmente pela ação das ondas e dos ventos. Sua composição pode variar com base no tipo de sedimento que as constitui.

» **Praias arenosas**: porções costeiras onde as ondas atuam constantemente revirando o sedimento, contemplando desde áreas de dunas e regiões entre marés até locais submersos com profundidades em torno de 20 metros. Para um leigo, as praias arenosas podem parecer ambientes homogêneos, porém, graças a variações no teor de umidade da areia, pode haver o aparecimento de zonas diferenciadas, tais como:
  » Zonas inferiores: constantemente banhadas pelas ondas, estando expostas apenas nas marés baixas.
  » Zonas medianas: áreas que se encontram submersas apenas duas vezes ao dia.
  » Zonas superiores: expostas a respingos do mar oriundos das ondas, mas submersos apenas quando em situações de **ressaca**[∞] ou tempestade.

Visto que as ondas correspondem ao principal fato moldador da paisagem, com base no comportamento que estas exercem sobre a costa, podemos dividir as praias em três grupos:

» **Praias dissipativas**: compostas por grandes faixas de areia exposta, pouca declividade e uma extensa área de quebra de ondas que dissipam sua energia em direção à costa, fazendo com que elas normalmente cheguem com menos intensidade na faixa de areia.
» **Praias reflexivas**: normalmente são encontradas em áreas mais protegidas, como baías, apresentando declividade maior e incidência de ondas mais próximas da faixa de areia.
» **Praias intermediárias**: apresentam características que não se

enquadram entre as citadas anteriormente.

O tamanho dos grãos de areia (granulometria) que compõem as praias também pode variar, o que possibilita dividir esses ambientes em três grupos principais:

» **Praias de areia fina**: caracterizadas por uma declividade mais suavizada, com sedimentos mais estáveis, compactos e com maior concentração de matéria orgânica, resultando em uma maior riqueza de organismos.
» **Praias de areia grossa**: caracterizadas por declividades maiores, sedimentos pouco compactados e, consequentemente, menos estáveis, o que resulta em uma riqueza de espécies menor do que em praias de areia fina.
» **Praias de areia média**: apresentam características intermediárias ou de transição entre os dois tipos citados anteriormente.

Essa variação no tamanho dos grãos de areia se dá principalmente pela ação do mar sobre a rocha matriz (que originou a areia) e depois sobre os seus fragmentos, que são revirados constantemente pela ação das ondas (Lopes; Milanelli; Poffo, 2006).

Mesmo apresentando, a uma primeira vista, o aspecto de "deserto", uma variedade de organismos são dependentes dessas faixas de areia para sobreviver. A maioria deles vive enterrada e quase nunca é vista. Entretanto, graças à ocupação desordenada das regiões costeiras, à exploração descontrolada desses ambientes para fins turísticos e à emissão de poluentes, grande parte da costa brasileira encontra-se desconfigurada e exposta à poluição, necessitando de ações imediatas que melhorem as estratégias de exploração e delimitação de áreas específicas para fins conservacionistas.

» **Praias de cascalho**: encontram-se dentro desta categoria de praias aqueles ambientes cujo sedimento é composto por grãos de tamanhos diferenciados e maiores do que nos ambientes arenosos, sendo a sua mobilidade ligada à força imposta pelas ondas. À medida que os grãos se tornam maiores, ocorre um crescimento proporcional dos espaçamentos entre eles, que pode vir a ser preenchido por sedimentos de menor tamanho, dependendo da intensidade com que a água atinge o ambiente. Com isso, a exemplo das praias arenosas, baseado no comportamento das ondas, elas podem apresentar características dissipativas e reflexivas.

Em analogia às praias de areia grossa, elas apresentam menor riqueza de organismos graças ao hidrodinamismo mais intenso, o espaçamento maior entre os grãos e um reduzido depósito de matéria orgânica. No entanto, nesses locais são encontradas espécies diferenciadas, que vivem aderidas ao cascalho, como esponjas, algas, **ascídias**[∞] e crustáceos.

Contaminação em praias arenosas

Na maioria das vezes, os ambientes praianos correspondem aos locais que recebem maior atenção diante de uma contaminação por poluente, graças ao fator paisagístico e recreativo que essas áreas representam. As praias de areia grossa, por sua menor compactação de grãos, permitem uma maior penetração em caso de acidentes com óleo, podendo chegar em alguns casos a até 25 cm de profundidade. A declividade mais elevada e a menor faixa entre marés, por outro lado, fazem com que o poluente atinja uma área menor ao longo da costa. Em praias de areia fina, em virtude da maior compactação do sedimento, o óleo não penetra em grandes profundidades. Apesar disso, pela existência de uma faixa maior entre marés, a costa acaba ficando mais exposta, sendo coberta pelo poluente em grandes extensões. Entre os principais métodos disponíveis para a limpeza de praias arenosas estão: raspagem e limpeza manual, utilização de materiais absorventes, bombeamento a vácuo, remoção por maquinários e limpeza natural.

Contaminação em praias de cascalho

Em praias de cascalho, quanto maior o espaçamento entre os grãos que compõem o sedimento, maior a capacidade de penetração de um poluente, principalmente no caso de contaminação por óleo. A situação torna-se mais delicada caso a camada do produto transpasse para a zona superior, onde pode penetrar em profundidades maiores, em um sedimento de menor granulometria e maior porosidade. A limpeza desses locais se dá por procedimentos análogos aos empregados em praias arenosas, como a raspagem e a limpeza manual, a utilização de materiais absorventes, o bombeamento a vácuo, a remoção por maquinários, a lavagem a jato e a limpeza natural. Entretanto, esses métodos visam à retirada do óleo e, como a maioria dos organismos vive aderida ao cascalho, os que não são atingidos pelo óleo acabam sendo afetados pelo processo de limpeza.

6.2.8 Planícies de maré e baixios

São regiões caracterizadas pelo depósito de sedimentos lamosos constituídos principalmente por argila, areia e silte, podendo ser entendidas como parte de outros ecossistemas marinhos, como os manguezais e as marismas. Planícies de maré e baixios apresentam uma declividade mínima, de modo que ficam expostos durante a maré baixa, constituindo importantes sítios de alimentação para aves marinhas (Figura 6.4).

Figura 6.4 – Guará (*Eudocimus ruber*) se alimentando em um baixio na APA de Cananeia-Iguape-Peruíbe, SP

Crédito: Henrique Chupil

Em virtude da estabilidade física do ambiente e da riqueza de matéria orgânica disponível, esses ambientes caracterizam-se pela elevada abundância de organismos bentônicos, como moluscos, equinodermos, crustáceos e anelídeos, o que explica o fato de essas áreas serem importantes sítios de alimentação.

Contaminação em planícies de maré e baixios

Se levarmos em consideração o que ocorre nas praias de areia fina (sedimentos mais compactados), pode-se pensar que nas planícies de maré e baixios existe pouca retenção de poluentes (no caso principal do óleo). Não obstante, como existe, no sedimento, a mistura de silte e argila, além de uma baixa ação de ondas, o poluente acaba se depositando pela constante subida e descida das marés. Por fim, ele se mistura ao substrato, o que dificulta sua limpeza. Diante disso, esses locais apresentam uma elevada sensibilidade ambiental, maior que nos ambientes praianos.

Por causa dessa elevada sensibilidade, alguns processos de limpeza, se empregados, acabam sendo mais danosos do que o próprio poluente. Portanto, as técnicas mais indicadas nesses casos são a utilização de materiais absorventes, a limpeza manual e a limpeza natural.

6.2.9 Recifes de coral

Correspondem a formações calcárias localizadas em águas rasas e que servem de substrato para a fixação e o desenvolvimento de grande variedade de organismos. Podem ser divididos em três tipos principais:

1. **Recifes em franja**: crescem paralelamente à costa, em águas rasas e bem próximos da faixa costeira.
2. **Recifes em barreira**: crescem paralelamente à costa e podem atingir grandes áreas, porém estão localizados distantes da faixa costeira;
3. **Atóis**: esses recifes se distribuem em forma de anel, constituindo ilhas de coral com uma lagoa central. Podem estar associados a ilhas vulcânicas.

O desenvolvimento dessas formações se dá apenas em águas rasas porque as algas **simbiontes** que vivem associadas aos corais dependem de uma elevada intensidade luminosa. Isso é possível pelo fato de que as águas em que os recifes de coral se desenvolvem são pobres em nutrientes, o que, por sua vez, reflete em uma baixa concentração de fitoplâncton, tornando assim a água mais translúcida. Outro fator associado ao seu desenvolvimento são temperaturas mais elevadas, fato que justifica a distribuição dos recifes em regiões tropicais, mais especificamente na Linha do Equador.

Além dos próprios corais, os recifes são ambientes que apresentam uma elevada diversidade de organismos que vivem fixos às estruturas calcárias ou associados a elas, como anêmonas, equinodermos, anelídeos, moluscos, crustáceos, peixes, entre outros.

Contaminação em recifes de coral

Os recifes são áreas ameaçadas por diversos fatores relacionados às atividades humanas, como aquecimento global, pesca, poluição, coleta de material biológico e turismo desordenado. Ainda se soma a isso o risco de um acidente envolvendo óleo, pois as rotas de transporte e a exploração de petróleo se dão, muitas vezes, nas proximidades de recifes.

Os recifes que ficam expostos na maré baixa apresentam maior risco de sofrer deposição de óleo; caso isso ocorra, a comunidade de organismos que habitam esses locais é diretamente afetada. Recifes em franja, localizados em locais de maior movimentação de ondas, apresentam menos suscetibilidade que aqueles localizados em águas calmas, pois o maior hidrodinamismo acelera o processo de limpeza natural.

As técnicas de limpeza indicadas para esses ambientes são poucas, visto que, da mesma forma que em ambientes citados anteriormente, elas podem afetar negativamente o ecossistema quando empregadas. Sendo assim, o bombeamento a vácuo, a utilização de barreiras de contenção, materiais absorventes, remoção manual e natural estão entre as técnicas mais indicadas.

6.2.10 Recifes areníticos

Esse segundo tipo de recife tem uma estrutura formada por grãos de areia consolidados. Ele é abundante nas regiões costeiras do nordeste brasileiro. Os recifes areníticos crescem em paralelo e nas proximidades da costa, podendo ficar totalmente ou parcialmente submersos, dando origem (no segundo caso) a poças de maré.

As estruturas areníticas servem de substrato para a fixação de corais e, da mesma forma que os recifes de coral, apresentam uma elevada diversidade de espécies.

Contaminação em recifes areníticos

Os recifes areníticos estão sujeitos às mesmas ameaças que os recifes de coral, principalmente pesca, poluição, coleta de material biológico e turismo desordenado. No caso de acidentes envolvendo óleo, aqueles recifes que ficam expostos na maré baixa apresentam maior risco de sofrer deposição de óleo, enquanto os totalmente submersos podem sofrer apenas com a deposição de pequenas porções de poluentes associadas a partículas suspensas na água. As técnicas de limpeza mais indicadas são: bombeamento a vácuo, utilização de barreiras de contenção, materiais absorventes, remoção manual e natural.

6.2.11 Concreções lateríticas

São ambientes associados à formação de barreiras, sendo constituídos por sedimentos de origem continental pouco consolidados, que se depositam em uma faixa estreita ao longo da costa, podendo estar sujeitos a um **processo de lateralização**$^\infty$ (Lopes; Milanelli; Poffo, 2006). O material consolidado caracteriza-se por uma superfície irregular, com várias reentrâncias e orifícios. Esses ambientes apresentam uma diversidade de espécies semelhantes às dos costões rochosos, onde a superfície irregular serve de abrigo principalmente para crustáceos e moluscos (Albino, 1999).

Contaminação em concreções lateríticas

Dos ambientes costeiros de sedimentos mais consolidados, as concreções podem ser consideradas as mais suscetíveis a derramamentos de óleo, tendo em vista sua heterogeneidade e as numerosas reentrâncias que facilitam a penetração do poluente. Diante disso, a limpeza natural também fica comprometida, a não ser em locais com elevada ação das ondas. Entre os procedimentos de limpeza indicados para esses locais estão o bombeamento a vácuo, a remoção manual, a aplicação de barreiras e a utilização de materiais absorventes.

6.2.12 Águas costeiras e oceânicas

As águas costeiras e oceânicas reúnem toda a extensão a partir da linha da costa até o mar aberto ao longo de toda a coluna de água. Suas características são:

- » **Águas costeiras**: estendem-se desde a linha da costa até o limite da plataforma continental, com profundidades de até 200 m. Nesses locais concentra-se grande parte dos organismos marinhos, o que torna essas áreas os locais de maior exploração pesqueira.
- » **Águas oceânicas**: são as águas que vão além da plataforma continental e com mais de 200 m de profundidade. Apresentam menor quantidade de nutrientes disponíveis, o que resulta em menor diversidade de organismos em comparação às regiões costeiras. A dinâmica nesses ambientes é dada principalmente pela ação das correntes marítimas.

Três grupos principais de organismos podem ser identificados nesses meios, de acordo com sua zona de ocorrência e capacidade de locomoção (Lampert; Sommer, 2007):

- » **Plâncton**: organismos que habitam as camadas mais superficiais da coluna de água e que não apresentam capacidade de locomoção, permanecendo à mercê das correntes marinhas. Como exemplo, podemos citar o zooplâncton e o fitoplâncton.
- » **Nécton**: são organismos que, por terem capacidade de locomoção, conseguem se deslocar livremente ao longo da coluna de água. Como exemplos, podemos citar lulas, peixes, répteis, aves e mamíferos.
- » **Bentos**: termo utilizado para os organismos que habitam as regiões de fundo, em contato com o sedimento, fixos a ele ou não. Como exemplos, podemos citar crustáceos, anelídeos e moluscos.

Contaminação em águas costeiras e oceânicas

Em contaminações por óleo, a principal área afetada na coluna de água são as camadas mais superficiais, atingindo principalmente os organismos planctônicos. O plâncton pode morrer pelo contato direto com o poluente ou pela ingestão de pequenas partículas suspensas na água. No segundo caso, toda a teia trófica acaba sendo atingida pela ingestão dos organismos contaminados. Em termos de sensibilidade, se compararmos as águas costeiras com as oceânicas, o primeiro ambiente apresenta uma maior sensibilidade, graças a uma série de ambientes associados (citados anteriormente) e à elevada diversidade de espécies.

6.3 Ecossistemas limícolas

Estima-se que a quantidade de água existente no planeta permanece constante há mais ou menos 500 milhões de anos, havendo apenas uma circulação entre a atmosfera e a hidrosfera pelas etapas de evaporação, precipitação e escoamento. A distribuição dessa água nos ambientes terrestres variou consideravelmente ao longo do tempo sob a forma de rios, lagos, geleiras e depósitos subterrâneos. O estudo das relações ecológicas existentes nos ambientes líquidos, incluindo águas subterrâneas e continentais, os organismos, o meio físico e químico, denomina-se *limnologia* (Lampert; Sommer, 2007).

Algumas propriedades já referidas anteriormente para a água salgada são também aplicadas à água doce. No entanto, citaremos a seguir mais algumas, voltadas especialmente para os ambientes limícolas.

» **Capacidade de dissolução**: a água em estado líquido apresenta uma elevada capacidade de dissolver substâncias, qualidade que agrava o efeito dos poluentes quando em contato com ambientes aquáticos.

» **Tensão superficial**: as moléculas de água exercem entre si atração constante, em todas as direções, exceto nas camadas mais superficiais, onde são atraídas apenas lateralmente. Com isso, a superfície dos meios líquidos atua como uma membrana.

» **Salinidade**: ambientes de água doce apresentam uma concentração muito mais baixa de sais dissolvidos se os compararmos aos oceanos. A concentração média é de 0 a 0,5%, enquanto que nos oceanos é de 3,5%.

» **Nutrientes**: a quantidade de nutrientes disponíveis está diretamente relacionada tanto com as regiões de entorno quanto com as características do próprio ambiente – se ele é um lago ou um rio de correnteza. As regiões que margeiam os ambientes limícolas contribuem com a entrada de matéria orgânica, bem como o escoamento oriundo dos ambientes terrestres, que levam diversos nutrientes presentes no solo para o meio aquático. Além disso, no seu interior, a exemplo dos ecossistemas terrestres, por causa das interações dos níveis tróficos, existe uma ciclagem constante dos nutrientes disponíveis. De acordo com a quantidade de nutrientes, podemos dividir os ambientes aquáticos em: **eutróficos** (locais ricos em nutriente e com alta produtividade), **oligotróficos** (locais com poucos nutrientes e baixa produtividade) e **mesotróficos** (características intermediárias entre os anteriores).

» **Gases dissolvidos**: oxigênio, gás carbônico, metano e nitrogênio estão entre os gases fundamentais para os seres aquáticos. Eles são oriundos da atmosfera e das atividades metabólicas dos próprios organismos. O oxigênio, assim como a temperatura, é o principal fator limitante para os organismos, considerando-se que, em um mesmo ambiente, pode haver variação na quantidade disponível. As camadas mais superficiais, por estarem em contato com a atmosfera e pela maior atividade fotossintética, são áreas mais ricas em oxigênio. Em maiores profundidades, os ambientes tendem a ter uma concentração reduzida desse elemento. No entanto, em função das variações de temperatura – e, no caso dos locais de água corrente, do hidrodinamismo –, ocorre uma distribuição maior do oxigênio ao longo da coluna de água. Ambientes com uma entrada excessiva de matéria orgânica, como esgotos, podem desencadear a proliferação de bactérias decompositoras, levando à queda nas taxas de oxigênio, o que ocasiona a morte de diversos organismos.

» **pH**: pode exercer influência direta na distribuição dos organismos aquáticos, dependendo do nível de tolerância de cada um. A alcalinidade (pH acima de 5,0) pode ser decorrente de grande quantidade de plantas aquáticas, pois, com elevada taxa fotossintética, ocorre um alto consumo de CO_2 e a consequente redução de ácidos carbônicos, o que resulta no aumento do PH (Von Sperling, 2005). Um aspecto ácido (PH abaixo de 5,0) está relacionado às altas taxas de CO_2 e ácidos minerais que, ao reagirem com a água, liberam hidrogênio, que acidifica o meio (Lampert; Sommer, 2007). Esse evento está relacionado à decomposição de matéria orgânica, à fotossíntese, à dissolução de rochas e ao contato das camadas superficiais com gases presentes na atmosfera.

6.3.1 Sistemas lóticos

São locais marcados pelo constante fluxo unidirecional da água, como em rios, córregos, riachos e ribeirões. Caracterizam-se pelo transporte de matéria orgânica e de sedimentos, fornecidos pela vegetação de entorno, pelo escoamento do solo ou pelo desgaste de rochas, barrancos e praias. Esse processo está diretamente associado ao nível de chuvas ou, em alguns casos, ao degelo, eventos que aumentam consideravelmente o fluxo e a quantidade de água. Os rios podem ser divididos em dois grupos principais:

1. **Rios de planalto**: ocorrem em locais com variações no relevo, que geram regiões de maior ou menor velocidade da corrente, possibilitando o aparecimento de quedas de água. Rios de planalto apresentam um elevado potencial para a instalação de hidroelétricas.
2. **Rios de planície**: desenvolvem-se em locais com predomínio de terrenos mais planos. São utilizados em grande escala para a navegação. Como exemplo, podemos citar o Rio Amazonas (Franzinelli, 2011).

Segundo Maltchik (1999), de acordo a disponibilidade de água ao longo do tempo, podemos ainda classificar os rios em:

» **Rios efêmeros**: ocorrem apenas diante de intensa precipitação. Seu fluxo dependente do escoamento.
» **Rios temporários**: são rios sazonais. Em determinadas épocas do ano o leito seca, voltando às condições normais no período

das chuvas. São alimentados pelo escoamento e por águas subterrâneas. No entanto, quando o nível dessa última fonte se reduz, ele acaba ficando abaixo do canal que alimenta o rio, resultando no rompimento do fluxo.
» **Rios perenes**: apresentam fluxo de água ao longo do ano todo. Estão sujeitos a variações apenas quanto ao índice de chuvas. São alimentados pelo escoamento natural e principalmente por águas subterrâneas, o que permite o seu fluxo contínuo.

Contaminação em ambientes lóticos

Os ambientes lóticos estão sujeitos a inúmeras formas de impactos e de contaminações:

» **Esgoto doméstico e rejeitos industriais**: inúmeros locais dentro do território nacional ainda carecem de saneamento básico, de modo que os resíduos urbanos acabam sendo eliminados diretamente sobre os rios. No caso dos rejeitos industriais, ainda existe, por parte de muitos, a tentativa de burlar a lei e lançar resíduos diretamente nos rios sem tratamento algum. Os dois casos justificam os elevados índices de poluição que atingem os rios que cortam as grandes cidades. Vale ressaltar também que trechos poluídos acabam por contaminar rios maiores ou, caso atinjam a costa, contribuem para a degradação dos ambientes marinhos.
» **Mineração**: a extração de minerais ao longo dos rios pode gerar impactos diretos por causa da utilização de elementos como o arsênio e o mercúrio. Paralelamente, a extração impacta também por meio do desmatamento, do desvio do curso dos rios e do represamento.
» **Agricultura**: o primeiro fator a ser considerado é a utilização de cursos de água para atender à demanda de irrigação. Em muitos casos, faz-se um desvio no fluxo de riachos para facilitar o processo. Apesar disso, o principal problema está associado ao uso de agrotóxicos, pois, além de contaminarem o solo, eles são varridos para os cursos de água pelo processo de escoamento, afetando toda a comunidade local, podendo até atingir locais mais distantes.

» **Exploração hidroelétrica**: corresponde a um dos elementos mais impactantes às comunidades aquáticas, visto que o rio fica exposto a inúmeras alterações, tais como: desvio do seu curso natural, represamento, modificação de toda a área de entorno, alterações nos ambientes aquáticos que podem levar a efeitos negativos na migração e reprodução das espécies, alterações na estratificação da coluna de água, exposição dos organismos a diferentes incidências de luz, variações nas taxas de oxigênio disponível, além de variações de temperatura e pH.

» **Navegação**: impacta o ecossistema pela liberação de óleo e de gases provenientes do funcionamento dos motores. Outro impacto se dá pela lavagem dos tanques onde ficam armazenadas as cargas.

Além de todas as ameaças citadas anteriormente, ainda existe a eminência de um acidente ambiental em decorrência do transporte fluvial, do vazamento em dutos que cortam o ambiente ou mesmo em função de acidentes terrestres, visto que o material acaba escoando para o meio fluvial.

Como exemplo, vamos pensar em um acidente no qual ocorra a entrada de uma grande quantidade de grãos em um córrego. Caso o fluxo da água seja intenso, o material pode vir a ser disperso por longas distâncias e, assim, contaminar outros locais em diferentes escalas. Entretanto, se a corrente for baixa, a grande quantidade de matéria orgânica, agora disponível e acumulada, estimula a proliferação de bactérias decompositoras que consomem grandes taxas de oxigênio, passando a comprometer a sobrevivência dos demais organismos. Outro efeito, caso seja um córrego pequeno, é a possibilidade de interrupção do fluxo da água, o que acarretaria alterações no percurso ou mesmo a extinção do ambiente. Ao ocorrerem acidentes dessa natureza, medidas imediatas de contenção e remoção devem ser empregadas, porém com cautela, pois o fluxo de pessoal ou de maquinários para a remoção, se não planejado corretamente, pode ser tão ou mais impactante que o próprio agente em questão.

Outro tipo de poluente constantemente associado a desastres em ambientes fluviais é o petróleo (e seus derivados), seja durante o transporte, seja por causa do rompimento de dutos ou por acidentes em refinarias. A limpeza em locais contaminados por esses agentes deve ser planejada avaliando inicialmente as características do ambiente em questão, tais como fluxo da água, dimensões do corpo de água, destino final do fluxo, características do substrato de fundo e do substrato das margens, tipo de vegetação de entorno, entre outros.

A primeira meta é impedir que o poluente se espalhe e atinja ambientes mais sensíveis, normalmente utilizando barreiras de contenção. No entanto, em casos mais críticos, podem ser tomadas medidas mais drásticas, como a interrupção do fluxo com a criação de barragens, o desvio do fluxo do rio para que não atinja outros locais e a técnica de forçar, por meio de córregos artificiais, que o material venha a se depositar em valas, tanques ou mesmo em porções do próprio ambiente que facilitem sua remoção. Feito isso, podem-se aplicar, nesse material represado e nos demais locais, técnicas de limpeza manual e mecânica, barreiras de absorção, materiais absorventes, bombeamento a vácuo, corte da vegetação, lavagem a jato e limpeza natural.

6.3.2 Sistemas lênticos

Naturalmente, os sistemas lênticos são representados principalmente pelos lagos, podendo ser definidos como uma extensão de água rodeada por terra onde há ausência de um fluxo unidirecional da água, o que não descarta a existência de correntes, influenciadas principalmente pela ação dos ventos. Açudes e represas também são tipos de ambientes lênticos, porém geralmente associados às atividades humanas. A água que abastece um lago pode ter origem em precipitações, fontes subterrâneas, escoamento do ambiente terrestre, degelo ou em algum rio.

Os nutrientes entram nesses ambientes através do rio que abastece o sistema (caso haja). Eles são oriundos do solo, que acaba sendo escoado pela ação das chuvas, das margens que o cercam e da própria ciclagem que ocorre no meio aquático. Devido ao hidrodinamismo mais acentuado, é comum uma estratificação horizontal nos ambientes lênticos, com camadas de água de diferentes densidades, influenciadas principalmente por variações térmicas.

Quanto à sua origem, os sistemas lênticos podem ser classificados em (ESF, 2013):

- » **Lagos tectônicos**: são formados pela ação tectônica em falhas ou dobramentos da crosta terrestre, podendo originar lagos de grandes profundidades, como o Baikal na Rússia, que pode atingir até 1620 metros.
- » **Lagos formados pela dissolução do substrato**: desenvolvem-se em locais ricos em calcário, onde a água (com elevados índices de ácido carbônico) circula, tornando o terreno gradativamente menos compactado. Aliado a isso, as chuvas ajudam a gerar depressões no terreno, que passam a acumular água.
- » **Lagos formado pelo acúmulo de matéria orgânica**: a matéria orgânica presente ao longo dos rios acaba se acumulando e interrompendo o fluxo da água.
- » **Lagos formado por deslizamentos**: originam-se quando rios e córregos têm o seu fluxo interrompido por um deslizamento e passam a represar água.
- » **Lagos de origem glacial**: formados a partir de geleiras que derreteram e tiveram a sua água aprisionada por irregularidades no terreno.
- » **Lagos de origem vulcânica**: desenvolvem-se em crateras de vulcões extintos.
- » **Lagos de origem animal**: desenvolvem-se a partir da ação de animais, que, de tanto revirar o terreno, criam depressões que facilitam o acumulo de água. Esse processo é comum em regiões onde os animais exploram o sal mineral depositado no solo ou onde a chuva cria banhados que são utilizados por espécies com afinidade por banhos de lama, como búfalos e porcos.
- » **Lagos de origem meteorítica**: formam-se em crateras decorrentes das quedas de meteoros.
- » **Lagos de origem fluvial**: formam-se pela erosão e deposição nos sistemas fluviais (rios e córregos), que acabam por represar a água.
- » **Lagos eólicos**: formados principalmente em dunas, onde os ventos criam locais propícios para o acúmulo da água das chuvas.
- » **Lagos costeiros**: formados a partir do isolamento de uma baía ou de pequenas reentrâncias do mar. A salinidade desses ambientes pode oscilar segundo o índice de entrada de água doce no sistema e de acordo com o isolamento – se total ou parcial em relação ao mar.

Contaminação em ambientes lênticos

Assim como em ambientes lóticos, os lagos estão expostos a diversas formas de ameaça, como despejo de esgoto urbano e industrial, mineração, erosão, agricultura e acidentes ambientais que ocorram no próprio sistema ou até mesmo em ambientes terrestres que venham a afetá-lo. Entretanto, a grande diferença é que a água nesses ambientes permanece represada e, consequentemente, o poluente. Com isso, o processo de degradação é bem mais rápido, e os organismos que ali vivem têm poucas chances de "evitar" a possível queda no índice de oxigênio dissolvido ou a exposição a uma substância tóxica, o que os condena à morte.

Do ponto de vista da contenção de um poluente, como óleo, por exemplo, os lagos são sistemas que não permitem a dispersão para outros locais (a menos que excedam a sua capacidade), tornando-os, em determinados casos, uma ferramenta para minimizar impactos em outro ecossistema de maior sensibilidade. Ou seja, é possível concentrar o poluente nesses locais para facilitar a sua remoção. Para isso, vários fatores ambientais devem ser avaliados, como os níveis de contaminação da água, o volume de água, a área de entorno, a fauna associada e os ambientes que serão salvos – ou sofrerão um impacto menor – a custo do seu comprometimento.

6.3.3 Águas subterrâneas

Correspondem à água encontrada no subsolo, responsável por manter a umidade do solo e abastecer os ambientes limícolas de superfície, permitindo – no caso de rios perenes – que, mesmo em períodos de seca, eles apresentem água. Locais onde as águas ficam confinadas, formando lagos subterrâneos, são denominados de *aquíferos*, podendo ser divididos de acordo com a classificação a seguir.

» **Aquífero poroso**: a água circula por intermédio de poros existentes nas rochas.
» **Aquífero fissural**: a água circula por intermédio de fissuras existentes nas rochas.

> **Aquífero cárstico**: a água circula por canais formados pela dissolução de rochas, principalmente calcárias.

As águas confinadas em locais rochosos, de características impermeáveis, são abastecidas apenas pela precipitação em locais onde afloram à superfície. Esses locais apresentam uma forte pressão hidrostática, o que permite a perfuração de poços artesianos. Águas denominadas *livres* estão mais próximas à superfície, separadas por camadas mais finas e permeáveis, com vários afloramentos, podendo ser abastecidas pelas precipitações, seja no afloramento, seja pela penetração no solo.

Contaminação em águas subterrâneas

A ameaça mais visível sob a qual as águas subterrâneas estão expostas é o seu uso descontrolado, obtido pela perfuração de poços artesianos, visto que a capacidade de reposição é inferior à de consumo, o que pode resultar no esgotamento dessas reservas. Além disso, uma vez que a água é retirada do subsolo, pode haver uma descompactação do sedimento e, consequentemente, um processo erosivo (Tundisi, 2003).

Acidentes ambientais com derramamento e liberação de produtos tóxicos, resíduos urbanos, industriais e agrícolas (agrotóxicos) podem afetar de diferentes maneiras as águas subterrâneas. Primeiramente pelo contato direto, seja nos locais de afloramento, seja pela penetração no solo. Caso haja uma liberação atmosférica e ocorra a mistura do poluente com partículas de água, a precipitação conduz essas substâncias ao solo, onde se infiltram ou escoam para os afloramentos.

6.4 Ecossistemas terrestres

Os ecossistemas terrestres, da mesma maneira que os aquáticos, são caracterizados por vários fatores físicos e químicos que influenciam na distribuição dos organismos, tais como quantidade de oxigênio disponível, temperatura, pH, incidência de luz, umidade e disponibilidade de nutrientes. Abrangem sistemas regionais constituídos por um tipo de vegetação característico denominado *bioma*. Sua distribuição é influenciada principalmente pela temperatura e pela umidade (Figura 6.5).

A diversidade de espécies no meio terrestre é diretamente proporcional a esses dois fatores, fato que justifica uma maior biodiversidade nos trópicos, locais de elevadas temperaturas e muita precipitação. À medida que nos afastamos dos trópicos em direção aos polos, a riqueza de espécies vai reduzindo gradativamente.

Acidentes ambientais ocorridos em terra normalmente estão associados a transporte de cargas e a processos industriais (Ibama, 2012). Quando ocorrem, tendem a contaminar os meios aquáticos por influência do relevo ou, no caso de explosões, incêndios e liberação de gases, pela atmosfera. No último caso, a exemplo do que foi citado na contaminação de águas subterrâneas, as substâncias tóxicas misturam-se às partículas de água e retornam à terra por intermédio das precipitações, afetando o solo e todos os organismos associados.

As técnicas de limpeza em terra, principalmente para acidentes envolvendo óleo, devem ser empregadas avaliando o tipo de ambiente em questão, principalmente quanto ao tipo de solo, proximidade com ambientes aquáticos, composição florística e faunística, nível de preservação da área, relevo, entre outros. Diante disso, técnicas de limpeza manual e mecânica, corte da vegetação contaminada, bombeamento a vácuo, lavagem, escavação de valas e reservatórios para o escoamento do poluente e barreiras de contenção são as mais empregadas.

Na sequência, serão apresentados alguns ambientes terrestres vulneráveis à contaminação – alguns, na verdade, são ambientes intermediários, entre terrestres e aquáticos.

6.4.1 Áreas pantanosas e banhadas

Consistem em ambientes planos, com elevada umidade, podendo apresentar regiões inundadas, normalmente influenciadas pelo pouco escoamento da água das chuvas ou por serem alimentadas por pequenos córregos e lagos (Carvalho; Ozorio, 2007). Sua origem também pode estar vinculada à ação de animais, que reviram o solo constantemente, gerando espaços propícios para o acúmulo de água. A matéria orgânica produzida é decomposta no próprio ambiente, podendo gerar espessas camadas de matéria vegetal morta acima do solo, que auxiliam na contenção da água. Aves, répteis e anfíbios são os principais grupos de habitantes desses locais.

6.4.2 Várzea

Apresentam características semelhantes aos ambientes pantanosos e banhados. Diferenciam-se principalmente por sua distribuição à margem de rios e lagos e por serem dependentes destes para a manutenção do seu nível de água. Durante períodos de precipitação elevada, ocorre o aumento do nível da água, alagando essas regiões de entorno. Quando o nível volta ao fluxo normal, a região passa a abrigar pequenas lagoas e banhados, que têm seu volume de água reduzido até o rio ou lago encher novamente. Nessas áreas, grandes quantidades de matéria orgânica são depositadas, o que torna esse *habitat* propício para várias espécies de aves, peixes, répteis e anfíbios.

6.4.3 Igapó

O igapó é um sistema típico da região amazônica, caracterizado quando a floresta, em determinadas épocas do ano, torna-se inundada, graças ao aumento do fluxo de água em rios que serpenteiam o ambiente florestal (Pinheiro, 2007). A água nesses ambientes pode ser bem límpida, formando verdadeiros aquários naturais, ou quase negra, quando rica em matéria orgânica. Por causa da elevada decomposição nesses locais, a água apresenta um pH ácido, o que não impede o afloramento de uma grande diversidade de espécies nesses ambientes.

6.4.4 Mata ciliar e mata de galeria

São vegetações que crescem ao longo das margens de rios e córregos. Porém, a mata de galeria apresenta uma **fisionomia**[∞] diferenciada do bioma em que ocorre (Figura 6.6). Um exemplo típico de mata de galeria é encontrado em locais de cerrado, onde o bioma é composto principalmente por vegetação herbácea, enquanto nas margens, ao longo dos rios, ocorre uma diferenciação da vegetação, seja pelo porte, seja composição de espécies.

Figura 6.6 – Rio em região de campos naturais margeado por matas de galeria

Crédito: Henrique Chupil

Nota: Percebe-se ao fundo uma vegetação mais herbácea, enquanto ao longo do rio ela muda de característica.

6.4.5 Caxetal

Formação pioneira, de influência fluvial, caracterizada por um solo constantemente úmido ou alagado. O caxetal é encontrado em certas regiões da planície litorânea (Galvão et al., 2002). Nesses ambientes predomina uma espécie vegetal: a caxeta (*Tabebuia cassinoides*).

6.4.6 Restinga

Formação pioneira de influência marinha que se desenvolve na sequência da floresta ombrófila densa da planície litorânea (Floresta Atlântica), estendendo-se até o litoral. Entre suas principais características estão a grande quantidade de plantas epífitas (principalmente bromélias) e o solo arenoso. Ao longo desse gradiente, percebe-se uma variação principalmente na estrutura e na fisionomia. Nos cordões arenosos, próximos ao mar, essa formação passa a ser constituída apenas por espécies herbáceas. De um modo geral, as restingas são ambientes de elevada diversidade de espécies, principalmente por receberem influência da floresta ombrófila densa.

6.5 Procedimentos utilizados na limpeza de ambientes

Como citado anteriormente, o petróleo e seus derivados ocupam o primeiro lugar entre os poluentes associados a acidentes ambientais. Portanto, a maioria das técnicas utilizadas na contenção e limpeza dos ambientes foi elaborada pensando em eventos relacionados a esses produtos. Não obstante, isso não impede que vários desses procedimentos possam ser aplicados em outros tipos de situação, envolvendo outros tipos de poluentes. Na sequência, serão apresentadas as técnicas utilizadas para limpeza dos ambientes em caso de contaminação por óleo, lembrando que esses procedimentos visam apenas à retirada do material, o que muitas vezes pode acabar sendo tão ou até mais danoso do que o próprio poluente.

a. Limpeza manual

Consiste no procedimento mais simples de limpeza, porque utiliza apenas a mão de obra humana, juntamente com ferramentas simples (vassouras, escovões, rodos, pás, enxadas, entre outras). A grande vantagem é o reduzido impacto sobre o ambiente, que é praticamente restrito ao pisoteamento dos funcionários, o que a torna a técnica mais indicada em locais frágeis. A desvantagem é a menor eficiência do ponto de vista socioeconômico (muito pessoal envolvido e maior tempo de execução), o que faz com que essa técnica normalmente seja aplicada em conjunção com as demais. Quando utilizada, é imprescindível que os funcionários recebam material de proteção individual, como luvas, botas, máscaras, macacões e óculos de proteção, pois eles ficarão em contato direto com o poluente.

b. Limpeza mecânica

A limpeza mecânica é efetuada com a utilização de maquinários e veículos pesados, como retroescavadeiras, tratores e caminhões. Ela promove, em comparação com a limpeza manual, uma retirada mais rápida do poluente do local afetado. No entanto, com o constante deslocamento dos equipamentos, o substrato passa a se compactar. Além disso, aqueles organismos que não foram atingidos pelo poluente, mas que viviam em meio ao substrato, acabam morrendo. Esse é um exemplo típico do que ocorre em praias arenosas contaminadas por óleo. A remoção do substrato contaminado ainda gera alterações **paisagísticas** e **fisiográficas**[∞], uma vez que pode desencadear processos erosivos e descaracterizar completamente o ambiente.

c. Limpeza natural

Esse método é normalmente utilizado após a realização de outros procedimentos de limpeza. Ele consiste na ação dos elementos naturais para a remoção do material que ainda ficou depositado ou daqueles materiais a que não foi possível ter acesso. É indicado em locais de elevado hidrodinamismo, como áreas de correnteza, regiões sob a ação de ondas, marés, correntes marítimas, ou ainda em casos de ambientes de elevada fragilidade, nos quais outras técnicas possam vir a ser mais impactantes do que o próprio poluente. A utilização desse método pode gerar divergências entre questões ambientais e logísticas, e, portanto, é necessário esclarecer se a escolha se refere ao que realmente é melhor para o ambiente ou se não passa de negligência por parte dos responsáveis pela limpeza.

d. Corte da vegetação

Técnica utilizada quando a vegetação acaba sendo recoberta pelo poluente e impede uma remoção eficiente do produto. Além disso, como a vegetação acaba retendo grande quantidade do material, torna-se uma fonte de recontaminação para locais já limpos. O corte e a retirada podem ser feitos de maneira manual ou mecânica, seja para aplicar uma poda superficial, seja para remover completamente a planta, dependendo do caso.

e. Recobrimento

Método que se resume à aplicação de uma camada de sedimento limpo sobre o contaminado, consistindo em um processo mais estético do que funcional. Isso se deve ao fato de que o poluente continua no mesmo local e pode vir a contaminá-lo novamente. Além disso, os impactos são estendidos às áreas das quais foi retirado o sedimento limpo e que nem haviam sofrido diretamente com a contaminação. Esse processo também ocorre de maneira natural. As ondas, por exemplo, trazem sedimentos para a costa, que, por sua vez, acabam cobrindo aos poucos as áreas contaminadas.

f. Lavagem com jatos de água

Consiste em um método muito eficiente quando aplicado a substratos bem solidificados, como construções, cascos de navios, colunas, rochas e costões rochosos. Os principais impactos dessa metodologia ficam por conta da remoção dos organismos aderidos ao substrato, como cracas, algas e mexilhões.

g. Lavagem com jatos de areia

Método que emprega jatos de areia sob alta pressão para a remoção de poluentes aderidos a substratos sólidos. Seus impactos são mais amplos do que na lavagem com jatos de água, pois, além da remoção, graças ao acúmulo de areia na base do local onde se está limpando, os organismos que ali vivem acabam sendo soterrados. Outro fator a ser levado em conta é que os grãos de areia que contêm óleo são dispersos no ambiente e, pela ação da água, podem vir a contaminar outros locais ou afundar, depositando-se no substrato.

h. Lavagem a vapor

Quando ocorre a adesão de óleo ao substrato, este recebe uma forte carga de vapor de água quente, o que resulta na redução da viscosidade do óleo, tornando-o mais **liquefeito**∞. O grande problema disso é que o óleo liquefeito apresenta uma maior capacidade de dispersão e acaba se espalhando ainda mais pelo ambiente, caso não seja recolhido imediatamente.

i. Biorremediação

Consiste na adição de substâncias em locais contaminados com o intuito de acelerar o processo de degradação do poluente. Essas substâncias podem ser de dois tipos: o primeiro é constituído por bactérias e outros microrganismos decompositores; o segundo, por uma série de nutrientes que estimulam a proliferação de organismos decompositores do próprio ambiente. Os maiores impactos ambientais são atribuídos ao primeiro tipo, pois se está lançando uma série de organismos em um ambiente em que eles podem vir a causar um desequilíbrio ecológico, o que interfere nas espécies residentes.

j. Materiais absorventes

Apresentam como função a absorção de um poluente quando lançados no meio, podendo ser de dois tipos:
> » Sintéticos: produzidos industrialmente à base de polímeros, esponjas, fibras de *nylon*, entre outros. Apresentam grande capacidade de absorção e podem ser utilizados sob a forma de mantas e barreiras (adequadas para qualquer situação que seja conveniente, desde que sejam recolhidas após o uso)

ou a granel (utilizada principalmente em locais construídos, devido à necessidade de ser retirado do local depois do uso).
» Naturais: possuem origem mineral ou orgânica. Os de origem mineral são formados principalmente a partir de rochas, calcário, sílica e argila, possuindo uma boa capacidade de absorção. No entanto, se utilizados em grandes quantidades em um ambiente aquático, ao absorverem as partículas do poluente, eles afundam e contaminam o substrato. Por isso, são empregados em maior escala na limpeza dos sedimentos terrestres. Absorventes orgânicos podem ser industrializados ou não industrializados. O primeiro grupo pode ser feito à base de algodão, turfa e celulose, enquanto o segundo provém de variados tipos de matéria vegetal (cortiça, bagaço de cana, palha, entre outros).

Os absorventes são os elementos mais úteis do ponto de vista ecológico, porque não causam prejuízos ambientais – caso sejam aplicados corretamente e posteriormente removidos. O ponto negativo é que eles são eficazes apenas em pequenas manchas de óleo.

k. Dispersantes

Em acidentes que envolvem petróleo e seus derivados em meio marinho, uma ferramenta a mais são os dispersantes químicos. Essas substâncias são basicamente constituídas por moléculas apolares, nas quais um polo tem afinidade por água e o outro por óleo. Com isso, ocorre a redução da tensão entre os fluidos e o óleo concentrado na superfície é quebrado em partículas menores, que são dispersas pela ação dos ventos e das correntes. A mistura formada por óleo e dispersante passa a se misturar com a água, facilitando o processo de decomposição. No entanto, também passa a afetar os organismos habitantes de toda a coluna de água.

Dispersantes só devem ser utilizados longe da costa, e nunca em locais de elevada sensibilidade, como manguezais e áreas de ressurgência. Isso se deve ao fato de que seus efeitos sobre o ecossistema ainda não são muito bem compreendidos. Alguns pesquisadores afirmam que dispersantes são um elemento químico a mais a ser lançado no ambiente e que podem vir a agredir os organismos à semelhança do próprio poluente (Lovett, 2013).

6.6 Gerenciamento de resíduos

Após a realização da limpeza dos ambientes contaminados, é gerada uma grande quantidade de resíduos, incluindo sedimentos, resíduos animais e vegetais contaminados, equipamentos danificados, materiais absorventes usados, equipamentos de proteção individual empregados, materiais de construção utilizados para a criação de centros de triagem e abrigo para os trabalhadores, entre outros. A Associação Brasileira de Normas Técnicas classifica os resíduos em duas classes (ABNT, 2004):

1. **Resíduos Classe I**: apresentam características corrosivas, inflamáveis, tóxicas, radioativas ou **patológicas**[∞], podendo acarretar riscos à saúde pública. Exemplos: areia, animais e plantas contaminados; materiais absorventes contaminados; barreiras de contensão danificadas; demais equipamentos individuais danificados ou contaminados.
2. **Resíduos Classe II**: correspondem aos resíduos ou às misturas que não se enquadram na classe I, como equipamentos, fauna, flora e objetos que, de uma forma geral, podem ser tratados, limpos e recuperados.

A destinação dos resíduos deve ser pensada desde o início dos procedimentos, no momento em que se iniciam as atividades de contenção e limpeza, para que haja estratégias de ação eficientes (Lopes; Milanelli; Poffo, 2006). Para isso, o processo deve ser composto das seguintes etapas:

» **Planejamento**: é a base de todo o processo. Consiste em um estudo do poluente envolvido, suas formas de contaminação e dispersão no ambiente, perigos em relação à saúde pública, equipamentos a serem utilizados, onde armazená-los, tratamento final dos resíduos e pessoal responsável por executar a destinação.
» **Triagem**: fase de especificação e identificação dos resíduos conforme suas características, buscando facilitar sua destinação. Por exemplo: resíduos sólidos, areia, material reciclável, material não reciclável, produtos absorventes, animais mortos, vegetação contaminada, e assim por diante.
» **Armazenamento**: os resíduos devem ser armazenados seguindo critérios que busquem minimizar qualquer dano ambiental. As etapas são classificadas em: temporário no ambiente (nos

próprios locais que estão sendo limpos), temporário na instalação (no local base da empresa responsável) e permanente (local definido em comum acordo entre o governo, os órgãos ambientais e os responsáveis pela limpeza do local onde o material ficará armazenado por maior tempo).

» **Transporte**: é essencial a utilização de veículos apropriados nas diferentes fases de transporte, entre os locais de armazenagem até o destino final. Deve-se evitar trafegar por estradas e ruas de grande movimento ou passar por cidades e locais próximos de áreas naturais, evitando assim novos focos de contaminação diante de um eventual acidente.

» **Destinação final**: consiste na última etapa da limpeza de um ambiente contaminado. Pode variar de acordo com o tipo de poluente envolvido e com as características do material em questão. A seguir, são apresentadas as principais formas de destinação.
  » Novo refinamento: consiste na separação do óleo não oxidado dos demais resíduos.
  » Incineração: queima de materiais contaminados em incineradores instalados nos locais contaminados ou em instalações próprias para a destinação dos resíduos. O grande problema dessa técnica é a emissão de gases atmosféricos.
  » Aterros: devem ser construídos seguindo normas que reduzam os impactos ambientais, como impermeabilização do solo e recolhimento de fluidos. É essencial que haja monitoramento constante. Nesses locais, normalmente são depositados materiais não contaminados de origem orgânica, lixos, resíduos humanos e materiais de construção.
  » Dessorção térmica: procedimento em que o solo contaminado é submetido a temperaturas de até 600 °C em fornos rotatórios. Isso provoca a evaporação dos compostos orgânicos, que são captados e tratados. Após esse processo, o solo é resfriado, umedecido e armazenado.
  » Empilhamento: consiste na remoção dos sedimentos em pilhas. Depois de misturados a certas substâncias, esses sedimentos iniciam um processo de biorremediação.
  » Lavagem da areia contaminada: adição de água à areia contaminada. É possível elevar a eficiência desse método com

a suplementação com surfactantes, o que possibilita o desprendimento do poluente. Recomenda-se que o procedimento seja realizado em reatores, onde os resíduos podem ser coletados e tratados.

» *Landfarming*: processo pelo qual os materiais orgânicos contaminados são misturados ao solo para que possam ser decompostos.

» Solidificação: processo no qual os sedimentos contaminados são tratados com o propósito de diminuir a solubilidade do poluente, facilitando a manipulação e o transporte. Esse tipo de técnica é utilizado principalmente em contaminações por metais pesados.

» Coprocessamento: consiste na utilização de resíduos contaminados na substituição de matéria-prima industrial, reduzindo o consumo de algum combustível. Nesse caso, devem ser desconsiderados lixo doméstico, metais, materiais radioativos e pilhas.

Com base em tudo que foi apresentado neste capítulo, vimos que várias técnicas estão disponíveis para a limpeza de um ecossistema contaminado. Entretanto, todas acabam impactando ou, em determinados casos, até elevando os prejuízos ambientais. Outro ponto importante de ser levantado é que é impossível remover todo o material. Parte dele acaba sendo incorporada ao ecossistema, entrando na cadeia alimentar e ocasionando danos a longo prazo, graças à acumulação de substâncias nos tecidos animais e vegetais. Isso afeta não apenas o local onde ocorreu o acidente, mas também áreas bem mais distantes, em razão do deslocamento de espécies migratórias.

Por fim, a única maneira de evitar todos esses impactos está na prevenção. Os responsáveis pelos processos de exploração, transporte e beneficiamento devem ter consciência de toda a problemática envolvida e agir sempre de maneira responsável. Por parte dos órgãos ambientais, esperam-se medidas fiscalizadoras eficientes e uma legislação que sempre busque a proteção do ambiente e das populações envolvidas.

SÍNTESE

Acidente ambiental
▼
Ecossistemas atingidos: avaliar características físicas, químicas e biológicas
▼
Procedimentos de contenção e limpeza
▼

Ecossistemas marinhos:
- Estuários
- Manguezais
- Marismas
- Costões rochosos
- Praias (arenosas e de cascalho)
- Recifes de coral
- Recifes areníticos
- Concreções lateríticas
- Água costeiras e oceânicas

Ecossistemas limícolas:
- Sistemas lóticos
- Sistemas lênticos
- Águas subterrâneas

- Destinação de resíduos

Ecossistemas terrestres:
- Biomas terrestres
- Pântanos e banhados
- Várzeas
- Igapós
- Mata ciliar e de galeria
- Caxetal
- Restinga

PARA SABER MAIS

Informações adicionais sobre ecossistemas, biomas e biodiversidade brasileira, bem como mapas e cartilhas para *download* podem ser encontrados no *site* do Ministério do Meio Ambiente. Disponível em: <http://www.mma.gov.br>.

QUESTÕES PARA REVISÃO

1. Nos ambientes aquáticos, qual é o principal fator natural que define o comportamento de um poluente?

2. Por que podemos afirmar que um acidente ambiental nunca contamina apenas o meio em que ele acontece?

3. Sobre os ecossistemas marinhos, analise as proposições a seguir e, em seguida, assinale a opção correta:
   i. Manguezais e marismas correspondem aos ambientes marinhos mais sensíveis à contaminação, graças principalmente à sua grande diversidade de espécies e à importância na ciclagem de nutrientes.
   ii. Costões rochosos e praias compostas por sedimentos grandes são locais de baixa biodiversidade, o que os torna ambientes de baixa preocupação diante de um acidente ambiental.
   iii. Praias arenosas apresentam uma similaridade com ambientes desérticos, visto que o sedimento é constituído por areia e abriga uma pobre comunidade biológica.
   iv. A utilização de dispersantes químicos é um dos métodos mais eficazes na limpeza de ecossistemas marinhos, podendo ser empregado em qualquer situação onde o meio se encontra contaminado por óleo.

   a. Apenas as afirmativas I e IV estão coretas.
   b. Apenas as afirmativas II e III estão corretas.
   c. Apenas a afirmativa I está correta.
   d. Apenas a afirmativa IV está correta.

4. Sobre os ecossistemas limícolas, analise as proposições a seguir e, em seguida, assinale a opção correta:
   i. Águas subterrâneas localizam-se abaixo do solo, estando completamente isoladas da superfície, o que as torna praticamente imunes à poluição.
   ii. O baixo hidrodinamismo presente nos ambientes lênticos faz com que eles tenham, quando em contato com um poluente, sua comunidade contaminada com maior rapidez.
   iii. O despejo de grandes quantidades de matéria orgânica em um córrego pode ser vantajoso se pensarmos que isso estimula o desenvolvimento de microrganismos.
   iv. Quando um poluente entra em contato com um ambiente lótico, pode ser disperso a longas distâncias e atingir, inclusive, ecossistemas marinhos.

Estão corretas apenas as afirmativas:
a. I e IV.
b. II e IV.
c. II e III.
d. I e III.

5. Sobre os ecossistemas terrestres, analise as proposições a seguir e, em seguida, assinale a opção correspondente:
   i. Acidentes ambientais em terra normalmente estão associados a transporte de cargas perigosas e a processos industriais.
   ii. Pela ação das chuvas ou pelo terreno favorável, um vazamento em terra pode vir a contaminar também o meio aquático.
   iii. Ambientes terrestres influenciados pela ação de rios, lagos ou que acumulam água apresentam maior sensibilidade diante de um poluente.
   iv. Um acidente que envolva o vazamento de um produto tóxico seguido de uma combustão pode contaminar duas vezes o meio terrestre. Primeiramente pelo contato direto e depois pela reação de partículas do poluente com moléculas de água na atmosfera, que retornam ao meio terrestre pelas precipitações.

   Estão corretas as afirmativas:
   a. I, II e IV.
   b. II, III e IV.
   c. I, II e III.
   d. I, II, III e IV.

QUESTÃO PARA REFLEXÃO

Vimos no decorrer deste capítulo que um acidente ambiental gera impactos ecológicos e socioeconômicos de grandes proporções. Entretanto, no nosso dia a dia, lidamos com pequenas porções de diferentes resíduos que, se somados, ocasionam os mesmos danos que um evento de grandes proporções, principalmente se pensarmos nos rejeitos domésticos. Diante disso, escolha algum tipo de resíduo de suas atividades diárias, como a fumaça do escapamento do seu veículo, o esgoto doméstico ou uma garrafa plástica descartada no lixo, e procure descrever passo a passo o caminho desse item desde que é eliminado por você até chegar ao meio ambiente. Levante questões como: Qual é o seu período de decomposição? Quão prejudicial esse elemento pode vir a ser à saúde humana? Como ele irá contaminar o ambiente? O que pode ser feito para reduzir a sua emissão? Depois que ele entra em contato com o ambiente, existe uma forma de retirá-lo?

CAPÍTULO 7 ORGANISMOS

Relembrando o que já foi dito nos capítulos 1 e 6, os ecossistemas são caracterizados pela complexidade existente nas relações dos organismos entre si e deles com o meio ambiente. Portanto, ao afetarmos um elo dentro dessa rede de interações, podemos comprometer todo o sistema. Para compreender melhor essa realidade, vamos imaginar um exemplo: um acidente ambiental gerou a emissão de determinado poluente. A espécie X, que habitava o ecossistema afetado, foi contaminada, o que gerou uma elevada taxa de mortalidade dentro da população. Com isso, seus potenciais predadores, mesmo que não tenham entrado em contato direto com o poluente, acabaram sendo afetados, seja pela redução no número de X, seja pela intoxicação decorrente da ingestão de indivíduos contaminados. Da mesma forma, os organismos predados por X aumentaram em número em virtude da ausência de seu predador, o que resultou no crescimento da competição com outros organismos que compartilhavam porções semelhantes de nicho. Se fizermos um balanço final, o sistema como um todo acabou sendo afetado, mesmo que o poluente emitido tenha atingido apenas uma única população dentro do ecossistema. Portanto, partindo desse exemplo simples, que define bem o que um desastre de grandes proporções pode ocasionar a um ecossistema, o presente capítulo irá abordar, agora em um nível mais específico (organismos), os problemas decorrentes de um acidente ambiental.

CONTEÚDOS DO CAPÍTULO:

» Repercussão dos poluentes em relação à espécie, à população e à comunidade.
» Características dos principais grupos que habitam os ecossistemas citados no capítulo anterior.
» Principais formas de contaminação, efeitos gerados pelo contato com poluentes e procedimentos de minimização ou reversão dos efeitos da exposição.

APÓS O ESTUDO DESTE CAPÍTULO, VOCÊ SERÁ CAPAZ DE:

1. reconhecer os principais grupos de seres vivos que habitam os ecossistemas mais vulneráveis;
2. compreender de que forma um poluente pode contaminar um ser vivo;
3. entender quais são os efeitos diretos ocasionados pelo contato de um organismo com um poluente;
4. saber o que é possível fazer para tentar reverter o quadro de contaminação de um organismo.

7.1 Algas

O termo *algas* é utilizado para denominar um grande conjunto de organismos de diferentes **filos**∞ que habitam os ambientes marinhos, de água doce e terrestres. Apresentam uma grande variação de tamanho, desde espécies **unicelulares** (isoladas ou coloniais) até espécies **filamentosas**∞, que podem atingir dezenas de metros.

Muitos desses organismos, quando em meio aquático, compõem o fitoplâncton, que corresponde ao elo inicial da cadeia alimentar, além de serem os grandes responsáveis pela manutenção das taxas de oxigênio na atmosfera, graças à sua atividade fotossintética (Smith, 1987).

7.1.1 Cianobactérias

São organismos procariontes, pigmentados e dotados de uma célula envolta por parede celular. Armazenam como substâncias de reserva amido de cianofíceas, glicogênio e cianoficina (Lee, 1999). São encontradas nos mais variados ambientes, como fontes termais, gelo, solo, água doce e oceanos, além das relações de simbiose. Reproduzem-se assexuadamente por divisão simples, processo no qual todas as células apresentam a capacidade de se partir, dando origem a novos organismos.

Efeitos decorrentes da poluição

Por habitarem em quase todos os tipos de ambientes, as cianobactérias estão expostas a vários tipos de poluentes, que podem influenciar na redução ou no aumento do seu número. Diante de um grande aporte de matéria orgânica no meio aquático, pode haver a proliferação desenfreada desses organismos, que acabam por iniciar o processo de eutrofização. Como algumas cianobactérias são responsáveis pela fixação do nitrogênio, uma vez que seu número seja reduzido no ambiente, todo o ciclo desse elemento pode ficar comprometido (ver Capítulo 1).

7.1.2 Protozoários

Entre as algas, são representados pela divisão Euglenophyta, organismos predominantemente unicelulares e dotados de um flagelo que permite a sua locomoção nos meios marinhos e de água doce. Podem ser clorofilados e apresentam como substância de reserva o paramilo. Reproduzem-se assexuadamente por divisão simples e sexuadamente por autogamia.

Efeitos decorrentes da poluição

Por habitarem locais com elevada quantidade de matéria orgânica, algumas espécies de protozoários acabam sendo importantes produtores primários nesse tipo de ecossistema. Com isso, uma vez que o meio venha a ser afetado pela liberação de alguma substância tóxica, pode ocorrer a morte desses organismos, o que pode desequilibrar toda a cadeia trófica.

7.1.3 Dinófitas

São organismos unicelulares e flagelados que, junto com as diatomáceas, correspondem aos principais componentes do fitoplâncton marinho. Podem ser **parasitas, saprófitos**[∞], **heterotróficos**[∞], **autotróficos**[∞] ou **simbiontes**[∞]. Sua reprodução pode ser tanto sexuada quanto assexuada.

A maioria desses organismos apresenta capacidade de **bioluminescência**$^\infty$. Eles são dotados de diferentes colorações, podendo gerar alterações na cor dos oceanos quando em grande número, como no fenômeno das marés vermelhas.

Efeitos decorrentes da poluição

Por serem componentes importantes do fitoplâncton marinho, apresentam elevada função trófica, além de serem importantes para a produção de oxigênio. Com isso, são vulneráveis a acidentes ambientais ocorridos nos ecossistemas marinhos, principalmente envolvendo óleo, pois habitam as camadas mais superficiais, onde o poluente se concentra. Assim, podem morrer ou acumular em seu organismo o poluente, que vai ser repassado adiante pela cadeia alimentar, contaminando outros organismos.

7.1.4 Cromista

Reino composto por uma grande variedade de espécies de algas que podem variar de organismos microscópicos até algas de dezenas de metros de comprimento. São fotossintetizantes, simbiontes ou parasitas e reproduzem-se (na sua grande maioria) de forma assexuada. Segundo Lee (1999), taxonomicamente o reino Cromista é composto por três divisões: Haptophyta, Cryptophyta e Ochrophyta, sendo essa última dividida nas seguintes classes:

» **Bacillariophyceae**: engloba as diatomáceas, o principal grupo de organismos que compõem o fitoplâncton marinho. São caracterizados por uma carapaça calcária denominada de *frústula*.
» **Chrysophyceae**: conhecidos como *nanoplâncton*, em razão de seu reduzido tamanho. São todos aquáticos e importantes consumidores de bactérias.
» **Phaeophyceae**: reúne espécies de tamanhos variados, desde microscópicas até filamentosas com mais de 60 metros de comprimento. A grande maioria é fixa e marinha. Ordens principais:
  » *Laminariales*: algas **talosas**$^\infty$ de grandes dimensões, que chegam a formar verdadeiras florestas no meio marinho,

sendo representadas principalmente pelos gêneros *Laminaria*, *Macrocystis* e *Nereocystis*;
» *Fucales*: macroalgas marinhas caracterizadas por um conceptáculo (diferenciação do talo semelhante a um caroço), onde ocorre a reprodução. Principais gêneros: *Sargassum* e *Fucus*.

Efeitos decorrentes da poluição

As Chrysophyceas são espécies que se desenvolvem principalmente em locais de água não poluída, sendo, portanto, vulneráveis à poluição. As diatomáceas, a exemplo do que foi citado anteriormente em relação às Dynophytas, são vulneráveis a acidentes ambientais (principalmente envolvendo óleo), pois habitam as camadas mais superficiais, onde o óleo se concentra. As algas do gênero *Fucus*, por habitarem substratos rochosos e locais de entremarés, são suscetíveis a acidentes envolvendo óleo, nos quais acabam impregnadas pelo poluente, vindo a ser removidas durante o processo de limpeza. O gênero *Sargassum* é encontrado principalmente em águas rasas e recifes, sofrendo os mesmos efeitos do gênero anterior. As *Laminarias*, *Macrocystis* e *Nereocystis* desenvolvem-se em profundidades medianas, mas seus ramos podem atingir a superfície ou mesmo a costa na maré baixa (Lee, 1999), onde estão mais expostas à contaminação por óleo. As porções mais profundas são vulneráveis a poluentes que se dispersam ao longo da coluna de água ou que se depositam nos sedimentos.

7.1.5 Plantas

Segundo Lee (1999) e Franceschini et al. (2010), três divisões dentro do reino Plantae englobam espécies de algas, sendo elas:

1. **Glaucophyta**: organismos primitivos e unicelulares dotados de dois flagelos. São clorofilados e armazenam amido como fonte de energia;
2. **Rhodophyta**: algas que habitam tanto ambientes limícolas como marinhos (maioria), sendo denominadas *algas vermelhas*. Entre os principais gêneros estão: *Callitmnion*, *Delesseria* e *Corallina*.

Chlorophyta: reúne algas unicelulares e filamentosas de água doce (maioria), macroalgas marinhas e simbiontes (Quadro 7.1). Correspondem a um importante grupo de produtores, principalmente em ambientes limícolas. Reproduzem-se tanto assexuadamente como sexuadamente. Entre os principais gêneros podemos citar: microscópicas *Scenedesmus*, *Pediastrum*, *Pandorina* e *Volvax*; macroscópicas *Nittela* e *Chara* (água doce), *Ulva*, *Acetabularia* e *Cladophora* (marinhas).

Quadro 7.1 – Líquens ou fungos liquenizados

São associações mutualísticas entre um fungo (denominados de micobionte) e uma alga (denominada de fotobionte). O principal grupo de fungos envolvidos são os Ascomycota. As algas podem pertencer tanto ao grupo das cianobactérias como à divisão Chlorophyta. Nessa relação, o fungo se beneficia dos produtos da fotossíntese da alga, graças ao contato entre estruturas especializadas (hifas) e células do fotobionte. A alga, por sua vez, encontra no fungo um local úmido e propício para o seu desenvolvimento. Essa relação permite que os líquens desenvolvam-se em locais muito pobres em nutrientes, nos quais nenhum fungo ou alga poderia se desenvolver isoladamente. Quando fixados em rochas, podem desencadear um processo de desgaste, graças à liberação de substâncias corrosivas, iniciando o processo de formação dos solos.

Crédito: Fotolia

Fonte: Ahmadjian, 1993, p. 1-5.

Efeitos decorrentes da poluição

Em ambiente limícolas, algumas algas microscópicas podem estar ligadas ao processo de eutrofização, pois se desenvolvem em locais ricos em matéria orgânica, como córregos e lagoas contaminados por resíduos urbanos. De um modo geral, são vulneráveis à emissão de compostos tóxicos, os quais podem causar redução na sua população, o que pode acarretar efeitos tróficos na comunidade. As espécies marinhas de macroalgas pertencentes às divisões Rhodophyta e Chlorophyta habitam locais de pouca profundidade, em geral costões rochosos, recifes e áreas costeiras, de modo que algumas espécies podem ficar expostas na maré baixa (Lee, 1999). Com isso, tornam-se vulneráveis à contaminação por óleo, por causa da impregnação pelo poluente ou pela sua retirada durante a limpeza do ecossistema. Os gêneros de água doce *Nittela* e *Chara* habitam sedimentos lodosos e de cascalho, permanecendo, em condições normais, sempre submersos (Lee, 1999). Portanto, são vulneráveis a poluentes que venham a se misturar em toda a coluna de água ou que se depositem no substrato.

7.2 Embriófitas

Esse sub-reino inclui as plantas que apresentam inovações evolutivas quanto ao processo de nutrição do embrião, englobando em torno de 400 mil espécies descritas (Raven; Evert; Eichhorn, 2007). As embriófitas podem ser dividas em dois grandes grupos, de acordo com suas estruturas reprodutivas: as criptógamas (estruturas reprodutivas não são facilmente visualizadas) e as fanerógamas (estruturas reprodutivas bem visíveis sob a forma de estróbilos ou flores). O segundo grupo, por ser caracterizado pela formação de sementes, pode também ser denominado *espermatófitas*.

7.2.1 Briófitas

Grupo que reúne plantas sem vasos condutores de seiva (avasculares), apresentando um talo ereto, no caso dos musgos, ou prostrado, em hepáticas e antóceros. Reproduzem-se de maneira assexuada ou sexuada e são dependentes da água para a realização da fecundação, pois, quando chove, as gotas se acumulam nas porções folhosas, onde se encontram os órgãos masculinos, estimulando a liberação dos gametas que, por sua vez, são escoados com a gota até a parte (ou indivíduo) feminina da planta, onde ocorre a fecundação. São encontradas em locais úmidos, seja diretamente no solo, seja sobre troncos, rochas ou barrancos. Algumas poucas espécies vivem em meio aquático.

Efeitos decorrentes da poluição

Espécies de briófitas que habitam troncos e rochas longe do solo apresentam pouco potencial de contaminação, sendo afetadas, na maior parte das vezes, apenas por emissões atmosféricas. O grupo mais vulnerável é o das espécies que habitam o solo, que muitas vezes formam verdadeiros tapetes, cobrindo grandes extensões, como no caso do gênero *Sphagnum*. Com isso, eventos que envolvam o derramamento de substâncias podem vir a impregnar essas plantas com o poluente, o que acarreta a sua remoção durante o processo de limpeza.

7.2.2 Pteridófitas

São plantas desprovidas da capacidade de formar sementes e dotadas de vasos condutores de seiva (vasculares), que, juntamente com o desenvolvimento de tecidos de sustentação, permitiram que atingissem tamanhos maiores que as briófitas (Smith; Tavares, 1987). São representadas pelas samambaias, pelos licopódios e pelas cavalinhas, podendo reproduzir-se assexuadamente (pela formação de brotos no **rizoma**$^\infty$) ou sexuadamente. Da mesma forma que as briófitas, elas são dependentes da água para que ocorra o encontro de seus gametas, fato que justifica seu desenvolvimento em locais úmidos, no solo, entre rochas e sobre troncos. Algumas espécies também são encontradas em ambiente aquático.

Efeitos decorrentes da poluição

As ameaças diante da emissão de poluentes para as pteridófitas seguem os mesmos princípios já citados para as briófitas. Entre as espécies terrestres, as que vivem no solo são mais vulneráveis diante de um acidente ambiental por causa da impregnação ou pelo processo de limpeza do ecossistema. As espécies aquáticas seguem o mesmo princípio, estando mais expostas pelo fato de que a maioria dos acidentes acaba contaminando o meio aquático.

7.2.3 Gimnospermas

São plantas vasculares tipicamente terrestres, representadas pelos cedros, pínus, ciprestes e pinheiros. No Brasil, a espécie *Araucaria angustifolia* (pinheiro-do-paraná) é a mais representativa. As flores são reunidas em estróbilos masculinos e femininos, podendo inclusive aparecer em indivíduos diferentes, isto é, plantas masculinas e plantas femininas (dioicas). O estróbilo masculino produz os grãos de pólen, que são levados principalmente pelo vento até o estróbilo feminino, onde é desenvolvido o tubo polínico que irá levar o gameta masculino até o óvulo, ocorrendo, enfim, a fecundação. Após esse processo, inicia-se a formação do embrião, que é envolto por um tecido nutritivo. Juntos, eles constituem a semente. As gimnospermas encontram-se mais difundidas nas zonas temperadas do globo. No Brasil, algumas espécies foram introduzidas para fins madeireiros (gênero *Pinus*, por exemplo) e, hoje em dia, acabaram se tornando verdadeiras pragas, modificando os ambientes naturais onde se estabeleceram.

Efeitos decorrentes da poluição

Por se tratar de espécies tipicamente terrestres, estão vulneráveis a acidentes ocorridos nesses meios, sendo mais afetadas quando ocorre a contaminação do solo. A principal ameaça às gimnospermas é decorrente da exploração madeireira. Espécies como o pinheiro-do-paraná encontram-se ameaçadas de extinção graças à extração desordenada feita no passado – e que ainda ocorre ilegalmente em território nacional.

7.2.4 Angiospermas

Esse é o táxon que reúne o maior número de espécies de plantas, sendo também as mais conhecidas (Raven; Evert; Eichhorn, 2007). Habitam tanto ambientes terrestres como aquáticos, o que se reflete em uma série de adaptações para que possam viver nesses ambientes. São vasculares e distinguem-se das gimnospermas principalmente por formarem um fruto que protege a semente. Podem se reproduzir assexuadamente pela propagação de gemas, seja nos caules, seja nos rizomas. A reprodução sexuada é semelhante à que ocorre com as gimnospermas, porém os órgãos reprodutivos ficam localizados em flores. O transporte dos grãos de pólen do órgão masculino para o feminino se dá por intermédio de agentes como animais, vento, água ou pela simples ação da gravidade.

Efeitos decorrentes da poluição

As espécies de angiospermas terrestres são mais vulneráveis a emissões de poluentes no solo. No caso de contaminação por óleo, plantas herbáceas e arbustivas acabam sendo as mais afetadas, pois muitas vezes são encobertas pelo poluente e acabam ou morrendo ou sendo cortadas e arrancadas posteriormente, durante os processos de limpeza. Normalmente, as espécies mais afetadas em acidentes ambientais são as que habitam ambientes mais vulneráveis, como banhados, pântanos, várzeas, caxetais, manguezais, estuários e marismas. A seguir, listamos as principais famílias que são encontradas nesses locais:

- » **Plantas submersas**:
    - » Famílias: Cabombaceae, Hydrocharitaceae, Ceratophyllaceae, Cymodoceaceae, Ruppiaceae, Potamogetonaceae e Podostemaceae.
    - » Gêneros: *Cabomba, Egeria, Elodea, Halophila, Apalanthe, Linobium, Najas, Ottelia, Ceratophyllum, Halodule, Apinagia, Castelnavia, Tristicha, Podostemon, Ruppia, Potamogeton*.
    - » A maioria é encontrada em ambientes de água doce (lêntico e lótico). As famílias Cymodoceaceae e Ruppiaceae apresentam espécies marinhas. Vivem presas ao substrato, que pode ser

lodoso, arenoso ou rochoso. Muito raramente ficam expostas fora da água (normalmente em períodos de vazão baixa).
» São vulneráveis diante de poluentes que decantam e se acumulam no substrato ou que ficam dispersos ao longo da coluna de água.

» **Plantas flutuantes**:
  » Famílias: Nymphaeaceae, Araceae, Pontederiaceae e Menyanthaceae.
  » Gêneros: *Nymphaea* (ninfeias), *Victoria* (vitória-régia), *Pistia* (alface-d'água), *Lemna* (lentilha-d'água), *Spirodela*, *Wolffia*, *Eichhornia* (aguapé), *Heteranthera* e *Nymphoides*.
  » Encontradas em ambientes de água doce. Podem ser totalmente flutuantes, como os gêneros *Pistia* e *Lemna*, ou fixas ao substrato com as folhas flutuantes, como os gêneros *Victoria* e *Nymphoides*.
  » Quando o ambiente em que se desenvolvem é contaminado, elas acabam sendo afetadas, independentemente do tipo de poluente, seja ele disperso na coluna de água e no substrato (o poluente acaba sendo absorvido), seja na superfície (no caso do óleo). Este último, além de impregnar as folhas, acarreta, durante o processo de limpeza, a retirada de grandes quantidades de plantas. Algumas espécies, incluindo o gênero Eichhornia, atuam como filtros naturais, pois retiram da água as substâncias tóxicas (incluindo metais pesados) e as armazenam em seus tecidos.

» **Plantas semissubmersas e de regiões úmidas**:
  » Famílias: Araceae, Alismataceae, Limnocharitaceae, Typhaceae, Heliconiaceae, Cannaceae, Marantaceae e Zingiberaceae.
  » Gêneros: *Montrichardia*, *Echinodorus* (chapéu-de-couro), *Sagittaria*, *Hydrocleys*, *Limnocharis*, *Typha* (taboas), *Heliconia* e *Canna*.
  » Habitam locais de banhados ou com elevada umidade. Alguns gêneros, como *Typha* e *Sagittaria*, podem sobreviver mesmo em terrenos constantemente alagados. As demais suportam

inundações apenas por períodos curtos.
- » Estão expostas aos poluentes que contaminam o meio. No caso de contaminação por óleo, a exemplo das anteriores, elas acabam sendo impregnadas, o que ocasiona a morte ou, posteriormente, a retirada durante a limpeza.
» **Manguezais e marismas:**
- » Famílias: Juncaginaceae, Poaceae, Acanthaceae, Combretaceae, Rhizophoraceae.
- » Gêneros: *Triglochin*, *Spartina*, *Avicennia* (mangue-preto), *Laguncularia* (mangue-branco), *Rhizophora* (mangue-vermelho), entre outros.
- » Os dois primeiros gêneros citados são espécies herbáceas que se desenvolvem em marismas e nas margens dos manguezais. Os três outros são espécies arbóreas típicas de manguezais.
- » As espécies herbáceas ficam impregnadas facilmente por poluentes, sendo de difícil remoção, o que acarreta, muitas vezes, a sua retirada do ambiente durante a limpeza do ecossistema. As espécies arbóreas de mangue são muito sensíveis à poluição. Suas raízes absorvem grandes quantidades do poluente ou acabam impregnadas, dificultando a absorção de oxigênio pela planta, o que resulta, em muitos casos, na sua morte.

7.2.5 Contaminação *versus* processos fisiológicos das plantas

Diante de um acidente em que há derramamento de um poluente no ambiente, o primeiro efeito direto sobre as plantas é o do contato. Utilizaremos o óleo como exemplo: por ter elevada viscosidade, o produto adere facilmente em toda a superfície exposta da planta. Com isso, dependendo do tempo que dura a impregnação, alguns processos vitais para as plantas acabam sendo comprometidos, como:

- » **Trocas gasosas:** a epiderme das folhas (principalmente a inferior) apresenta uma série de aberturas denominadas *estômatos*, por onde ocorre a entrada e a saída de gases essenciais para a

fotossíntese e respiração.
» **Transpiração e gutação**: processo foliar de perda de água sob a forma gasosa e líquida, respectivamente, estando diretamente relacionados com o transporte de seiva no interior da planta.
» **Absorção de luz**: essencial para a realização dos processos fotossintéticos, ocorrendo principalmente nas folhas e demais partes verdes da planta.

Uma das técnicas utilizadas na limpeza dos ecossistemas é o corte da vegetação. Esse processo pode ser benéfico na maioria das espécies para o desenvolvimento de novos brotos, caso seja apenas uma contaminação superficial, pois a planta pode vir a se recuperar. No entanto, se o processo ocorrer em um período reprodutivo ou de dispersão de sementes, a regeneração e a sucessão natural no ambiente podem vir a ser afetadas.

A forma mais danosa de contaminação em plantas se dá pela absorção de substâncias tóxicas, tanto presentes no solo quanto nas fontes de água utilizadas por estas. A absorção se dá pelas raízes (pelos radiculares) e se encaminha para os vasos condutores de seiva (xilema e floema), espalhando-se por todas as partes da planta. Os sintomas apresentados diante desses eventos vão desde alterações na coloração das folhas, passando pelo murchamento, até a morte.

7.3 Zooplâncton

Zooplâncton é um grupo de animais que vive nas camadas mais superficiais da água. O termo *plâncton* pode parecer controverso para esse grupo, já que os organismos podem apresentar estruturas locomotoras, além de habitar essas camadas mais por questões ambientais, como a temperatura e a disponibilidade de nutrientes. Eles são o segundo elo da cadeia alimentar marinha, pois se alimentam, na sua grande maioria, do fitoplâncton e, por sua vez, são fonte de alimento para uma infinidade de outros organismos. A seguir, enumeramos os principais grupos de organismos que compõem o zooplâncton:

» **Larvas**: vários organismos marinhos e de água doce apresentam uma fase larval ao longo do seu desenvolvimento, como insetos,

peixes, equinodermos, crustáceos, moluscos, entre outros.
- » **Protozoários**: seres microscópicos que habitam principalmente ambientes de água doce, mas que também podem ser encontrados no meio marinho. Apresentam grande importância trófica por se alimentarem de bactérias e detritos.
- » **Rotíferos**: a maioria é encontrada em ambientes limícolas. São caracterizados por uma coroa ciliada na parte anterior do corpo, que é utilizada para locomoção e alimentação.
- » **Crustáceos**: importante grupo de organismos que habitam tanto a água doce como a salgada. Como exemplos, podemos citar os representantes das classes Copepoda e Amphipoda.

Efeitos decorrentes da poluição

A grande ameaça para esses organismos vem de poluentes que se depositam nas camadas mais superficiais da coluna de água, como o óleo, por exemplo. Em um primeiro momento, eles podem ser mortos pelo contato com o poluente ou, posteriormente, pela ingestão de partículas dissolvidas na água ou do fitoplâncton contaminado. Uma vez contaminados, acabam passando para seus potenciais predadores o material que ingeriram.

7.4 Invertebrados

Grande parte da fauna aquática é composta por invertebrados, distribuídos nos mais variados tipos de ambientes, podendo ser **sésseis**$^{\infty}$ ou móveis. Alguns passam a vida submersos (corais, esponjas, camarões), enquanto outros adquiriram um hábito mais anfíbio (caranguejos). Há também um terceiro grupo, que utiliza o meio aquático apenas em uma única fase da vida, como algumas espécies de insetos, por exemplo. A seguir são apresentados os principais filos de invertebrados e os locais em que habitam (Rupert; Barnes, 1996):

- » **Filo Porifera**: representado pelas esponjas. São organismos de hábito séssil e predominantemente marinhos.

- » **Filo Cnidaria**: reúne medusas, águas-vivas, hidras, anêmonas e corais, podendo ter hábito séssil ou livre. São predominantemente marinhos.
- » **Filo Mollusca**: é o segundo maior filo de invertebrados. Inclui caramujos, lesmas, mariscos, ostras, mexilhões, polvos e lulas. São de hábitos sésseis e encontrados em ambientes marinhos e limícolas.
- » **Filo Annelida**: em ambiente marinho é representado pelas poliquetas; na água doce, pelas sanguessugas.
- » **Filo Arthropoda**: é o maior filo de invertebrados, com representantes tipicamente aquáticos ou com espécies que apresentam uma fase de sua vida ligada ao meio líquido. Como exemplos de espécies ligadas aos ecossistemas aquáticos podemos citar caranguejos, siris, lagostas e alguns insetos, como pulgas-d'água e larvas de libélulas.
- » **Filo Echinodermata**: representado pelas estrelas-do-mar, pepinos-do-mar, ouriços-do-mar, lírios-do-mar, serpentes-do-mar e bolachas-da-praia. São exclusivamente marinhos.

Efeitos decorrentes da poluição

Muitos dos invertebrados citados na seção anterior habitam locais vulneráveis à contaminação por poluentes, como banhados, mangues, costões rochosos, praias, planícies de marés e recifes. Com isso, diante de uma contaminação, podem vir a morrer impregnados pelo poluente ou pelo acúmulo de substâncias tóxicas em seus organismos. Durante a limpeza dos ecossistemas, muitos daqueles que não foram intoxicados acabam sendo afetados, seja pelo pisoteamento, seja pelas técnicas de remoção do substrato (bombeamento a vácuo e lavagem a jato).

7.5 Peixes

Peixes são um grupo de vertebrados tipicamente aquáticos caracterizado por uma imensa variedade de formas adaptadas a diferentes hábitos e ambientes. Incluem tubarões, arraias e inúmeras espécies de peixes marinhos e de água doce. A respiração dos peixes é predominantemente realizada por brânquias, podendo em algumas espécies ser protegida por uma estrutura óssea denominada *opérculo*. O corpo na maioria das espécies é coberto por escamas, sejam ósseas, sejam dérmicas. Quanto à reprodução, a maioria é ovípara com fecundação externa. Algumas espécies de tubarões apresentam fecundação interna. Juntamente com os invertebrados, eles são os organismos típicos dos ambientes aquáticos, recebendo forte pressão por parte da indústria pesqueira e da poluição dos ambientes, o que acarretou uma drástica redução nas populações de várias espécies em todo o mundo.

Ameaças decorrentes da poluição

Peixes oceânicos são menos vulneráveis, por causa da sua capacidade de deslocamento, o que permite evitar o contato com locais afetados. Assim, em geral eles sofrem apenas os efeitos indiretos, ao ingerir organismos que estejam contaminados. A maior preocupação é com espécies costeiras e aquelas que habitam locais mais vulneráveis, como manguezais, marismas e recifes, onde as chances de contato com os poluentes são maiores. Em ambientes limícolas, as chances de contaminação são proporcionais ao tipo de substância envolvida, ao tamanho do corpo de água e ao hidrodinamismo da região. À primeira vista, o contato com um poluente (principalmente óleo) causa irritações oculares e desorientação, tornando os animais mais suscetíveis à predação. Outro efeito se dá pela contaminação das brânquias, graças ao constante fluxo de água que entra pela boca e molha essas estruturas para a absorção de oxigênio. Essa impregnação pode acarretar a perda da capacidade de trocas gasosas ou a absorção de partículas tóxicas pelo animal.

7.6 Anfíbios

Essa classe reúne animais dependentes de ambientes aquáticos ou úmidos, principalmente para a reprodução. Inclui sapos, rãs, pererecas, salamandras e cobras-cegas. Os anfíbios distribuem-se em ambientes variados, podendo ter hábitos terrestres, **fossoriais**$^\infty$ e **arborícolas**$^\infty$, tendo sua maior representação nas regiões tropicais. Apresentam respiração pulmonar e cutânea quando adultos, e branquial quando larvas (meio aquático). A pele desses animais é ricamente vascularizada, contendo glândulas mucosas que a mantém constantemente úmida. Quanto à reprodução, são animais **ovíparos**[∞] e com fecundação externa.

Ameaças decorrentes da poluição

Os anfíbios sofrem com a contaminação do meio aquático, principalmente os indivíduos em estágio larval e as espécies que vivem próximas da água. Os efeitos para as larvas são semelhantes ao que foi citado anteriormente para os peixes: aumento da sensibilidade, pelo fato de sua pele ser bastante vascularizada. Essa característica afeta também espécies que entram em contato com poluentes no meio terrestre, levando-as à morte muitas vezes apenas pelo contato. Outro impacto negativo decorrente dos acidentes ambientais é o que envolve a limpeza dos ecossistemas, pois as técnicas de bombeamento, de corte da vegetação, de lavagem, de remoção do substrato, além da circulação de pessoas e maquinários, alteram completamente a paisagem e, consequentemente, os territórios e as áreas de reprodução das espécies, além de acarretar a morte de inúmeros indivíduos.

7.7 Répteis

O termo *réptil* utilizado neste ponto servirá apenas para organização. Esse grupo inclui tartarugas, cágados, lagartos, serpentes e jacarés. São animais que apresentam uma vantagem em relação aos anfíbios: a não dependência do meio aquático, apesar de muitos animais viverem em locais próximos à água ou passarem praticamente a vida toda nesses meios. Essa independência se dá graças a um revestimento diferenciado do corpo (escamas) e ao surgimento de um ovo dotado de casca calcária para a proteção do embrião. A fecundação nesse grupo é interna e a maioria é ovípara, salvo algumas espécies de serpentes. Eles depositam seus ovos em ninhos, como os jacarés, ou os enterram em meio ao substrato, como as tartarugas. Habitam os mais variados ambientes, como florestas, brejos, ambientes marinhos, rios, lagos, campos, desertos e até regiões temperadas, como algumas serpentes. Várias espécies de répteis encontram-se ameaçadas de extinção, principalmente em virtude da caça (com a finalidade de retirar a carne e o couro), à perda de *habitat* e à poluição do ambiente.

Ameaças decorrentes da poluição

Ao contrário do que se possa pensar ao analisarmos um réptil – por serem animais dotados de um aspecto mais rústico e de corpo revestido por escamas resistentes –, esse grupo também é vulnerável à poluição. Por meio do contato, principalmente com o óleo, os animais apresentam irritações nas mucosas (nasais e oculares), podendo evoluir para processos inflamatórios graves. Caso venham a ingerir o material diretamente ou por alimentos contaminados, pode haver o desenvolvimento de problemas internos, principalmente no sistema digestivo. A segunda forma de contaminação é verificada nos ovos, pois o poluente pode penetrar pelos poros presentes na casca, podendo matar o embrião. Além disso, visto que a incubação se deve, em praticamente todas as espécies, ao calor do ambiente, uma vez que os ovos são cobertos por óleo, ocorre um isolamento térmico que acaba interrompendo o desenvolvimento dos embriões. Caso a contaminação ocorra no momento da eclosão, os filhotes recém-nascidos apresentam uma sensibilidade ainda maior apenas pelo contato. A última forma de impacto se dá pelas técnicas utilizadas na limpeza do ecossistema, durante as quais os ninhos podem ser destruídos e os animais, mortos, além da descaracterização dos territórios das espécies.

7.8 Aves

Esse grupo reúne animais que apresentam uma série de características que possibilitaram a quase todas as espécies a capacidade do voo. No entanto, a maior conquista evolutiva desse grupo é a possibilidade de manter a temperatura corporal, em virtude do seu metabolismo e da presença de penas, elementos que garantem um isolamento térmico. Esses fatores possibilitaram às aves a conquista de uma grande variedade de ambientes, incluindo desertos e regiões polares. Algumas espécies são adaptadas inclusive ao ambiente aquático, pois apresentam uma glândula (uropigial) que secreta um óleo que é passado nas penas pela ave, impermeabilizando-as – o que também auxilia na manutenção da temperatura corporal. A fecundação nesse grupo é interna, com postura de ovos e um desenvolvido **cuidado parental**[∞].

A seguir, serão apresentadas as principais ordens de aves que habitam ecossistemas vulneráveis e que normalmente são afetadas por acidentes ambientais (CBRO, 2011):

» Ordem Anseriformes: patos, gansos, marrecos e cisnes.
» Ordem Podicipediformes: mergulhões.
» Ordem Sphenisciformes: pinguins.
» Ordem Procellariiformes: albatrozes, petréis e pardelas.
» Ordem Suliformes: tesourões, **atobás**[∞], **biguás**[∞] e biguatingas.
» Ordem Pelecaniformes: pelicanos, garças e socós.
» Ordem Gruiformes: saracuras e frangos-d'água.
» Ordem Charadriiformes: maçaricos, trinta-réis, jaçanãs e gaivotas.
» Ordem Coraciiformes: martins-pescadores.

Ameaças decorrentes da poluição

Aves ligadas ao meio aquático são amplamente afetadas por acidentes ambientais, principalmente por óleo. O primeiro efeito decorrente do contato direto com o material é a impregnação da substância às penas, o que pode acarretar a perda da capacidade de isolamento térmico, fazendo com que a ave se encharque e perca calor corporal; na busca de compensar essa perda de calor, as aves precisam se alimentar mais para obter calor do metabolismo, porém elas passam a evitar a água para que não venham a se encharcar e, com isso, não se alimentam e ficam debilitadas. O segundo efeito é o aumento do peso das aves, fazendo com que percam a capacidade de voo ou afundem quando em meio aquático. Outro efeito do contato é a irritação das mucosas, que podem levar a processos inflamatórios. Caso venham a ingerir o poluente, involuntariamente ou por alimentos contaminados, elas podem desenvolver problemas digestivos. Quando em grandes quantidades, a ingestão pode ocasionar a obstrução das vias aéreas, fazendo com que se asfixiem. Ainda existe a contaminação pelas vias aéreas decorrente da inalação de gases tóxicos, podendo gerar edemas pulmonares. Caso o poluente atinja os ovos, ele penetra facilmente pela casca, em virtude da porosidade, o que leva à morte do embrião. Efeitos indiretos da contaminação podem ser visíveis principalmente em aves predadoras, pois, mesmo que elas não tenham um contato direto com o poluente, graças ao processo de bioacumulação ao longo da cadeia alimentar, acabam sendo contaminadas (ver, nos Apêndices, o Quadro 1.1).

7.9 Mamíferos

Os mamíferos são um grupo caracterizado pela grande diversidade morfológica, que se deu em resposta a adaptações a diferentes condições, visto que são encontrados em praticamente todos os tipos de ambientes, incluindo o aquático e o aéreo. Apresentam pelos cobrindo o corpo (total ou parcialmente), dentes diferenciados entre si (heterodontia) e presença de glândulas mamárias. A exemplo das aves, eles têm a capacidade de manter a temperatura corporal constante, independentemente do meio, graças à sua atividade metabólica em associação com uma camada de tecido adiposo e com os pelos, que ajudam a evitar e perda de calor para o meio. Apresentam uma diversificação também quanto à reprodução: em todos os casos ocorre fecundação interna. O desenvolvimento do embrião pode ser externo, no caso de monotremados (formam ovos) e metatérios (desenvolvimento do embrião em um marsúpio), mas a maioria apresenta desenvolvimento interno, em função de uma placenta que recobre o filhote dentro do útero materno.

A seguir serão apresentadas as ordens e famílias de mamíferos mais vulneráveis à contaminação por poluentes em meio aquático no Brasil (Sigrist, 2012):

» **Ordem Carnivora**:
  » Família Mustelidae: no Brasil, dois representantes dessa família apresentam hábitos anfíbios, vivendo ao longo de rios: ariranha (*Pteronura brasiliensis*) e lontra (*Lontra longicaudis*).
  » Família Focidae: constituída por focas, animais tipicamente polares, mas que às vezes atingem a costa brasileira durante suas rotas migratórias.

- **Ordem Pinnipedia**:
  - Família Otariidae: composta por leões e lobos-marinhos. Esses animais não apresentam colônias fixas em território brasileiro, mas podemos encontrar indivíduos isolados desde o Rio Grande do Sul até a Bahia, principalmente no inverno. As espécies são: leão-marinho-do-sul (*Otaria flavescens*), lobo-marinho-subantártico (*Arctocephalus tropicalis*) e lobo-marinho-do-sul (*Arctocephalus australis*).
- **Ordem Cetacea**:
  - Família Balaenidae: seu principal representante é a baleia-franca (Eubalaena australis), animal que vive próximo às regiões polares e que é encontrado principalmente nos meses de inverno na costa brasileira.
  - Família Balaenopteridae: entre seus representantes está a baleia-azul (Balaenoptera musculus) e a baleia-jubarte (Megaptera novaeangliae). Esta última habita regiões próximas aos polos, mas migram durante todo o ano para a costa brasileira, muitas vezes para reprodução.
  - Família Physeteridae: compreende cachalotes (Physeter macrocephalus) e cachalotes-pigmeus (Gênero Kogia).
  - Família Ziphiidae: baleias-de-bico (Gêneros Ziphius, Beradius, Hyperoodon e Mesoplodon).
  - Famílias Delphinidae, Phocoenidae, Iniidae e Pontoporiidae: reúne as orcas, os botos e os golfinhos, incluindo animais marinhos na maioria, mas também representantes de água doce, como o boto-rosa (Inia geoffrensis).
- **Ordem Sirenia**:
  - Família Trichechidae: no Brasil, essa família é representada por duas espécies: peixe-boi-amazônico (*Trichechus inunguis*), que habita rios, várzeas e igapós da região amazônica, e manati (*Trichechus manatus*), encontrado em regiões de estuários e deltas do nordeste brasileiro.
- **Ordem Rodentia**:
  - Família Dinomyidae (ou Caviidae, segundo algumas classificações): inclui as capivaras (*Hydrochoerus hydrochaeris*), animais que se distribuem amplamente pelo território brasileiro, sempre próximas a ambientes aquáticos.

» Família Myocastoridae: representada por apenas uma espécie: o ratão-do-banhado (*Myocastor coypus*). É nativa do Rio Grande do Sul e de Santa Catarina, mas teve sua distribuição ampliada para outras regiões do país, principalmente pela introdução de criadores.

Ameaças decorrentes da poluição

Os mamíferos apresentam grande mobilidade dentro do ambiente aquático, o que permite a eles (sempre que possível) evitar o contato com o poluente, dependendo principalmente do volume e da solubilidade do material tóxico. Animais ligados a determinadas áreas, como colônias de lobos-marinhos ou manatis, que utilizam uma área como sítio de alimentação, acabam se tornando mais vulneráveis. A contaminação pode ocorrer a partir do contato (impregnação), pela ingestão (do poluente dissolvido na água, presente nos pelos, na tentativa de se limparem, ou nos alimentos) e pela aspiração de gases tóxicos no momento em que esses animais vêm à tona para respirar. O contato pode gerar dermatites e irritações nas mucosas, principalmente dos olhos e das narinas, que podem vir a desenvolver processos infecciosos. Nos cetáceos, pode haver a obstrução do **espiráculo**$^\infty$, o que impede que o animal respire. Animais cobertos de óleo, a exemplo do que acontece com as aves, perdem a capacidade de isolamento térmico, pois o óleo reduz a secreção das **glândulas sebáceas**$^\infty$, levando à morte por **hipotermia**$^\infty$. Pela ingestão, o poluente pode acarretar infecções internas ou ser acumulado nos tecidos. Em fêmeas lactantes, pode ser passado aos filhotes pelo leite. Visto que, em comparação com outros grupos, os mamíferos apresentam uma taxa de reposição de indivíduos baixa, principalmente pela demora em atingir a maturidade e pelo baixo número de prole, uma vez que uma população é afetada, levando à morte vários indivíduos, a recuperação é lenta.

7.10 Procedimentos para reabilitação de animais contaminados por óleo

A recuperação de animais atingidos por óleo é um processo delicado. Além de lidar com as situações decorrentes do contato do animal com o óleo, ainda existe o estresse causado pela captura, pela manipulação e pela manutenção desses animais até que eles se recuperem, de modo que é fundamental que todo o procedimento seja efetuado por pessoas habilitadas. O principal fator que pode levar à reabilitação de um animal é a rapidez do seu resgate, pois quanto menos tempo ele ficar exposto ao poluente, menor será o nível de contaminação. Após o resgate, deve-se procurar estabilizar as condições vitais, como: temperatura corporal, hemorragias internas e externas, desobstrução das vias aéreas e hidratação. Feito isso, devem-se iniciar os procedimentos de lavagem para a retirada do poluente e demais procedimentos clínicos com base nos resultados dos exames físicos e hematológicos realizados. Paralelamente, deve-se oferecer alimentação apropriada, de forma natural ou por sondas, conforme a necessidade. Após diagnosticada a recuperação do animal, ele passa para uma fase de adaptação, durante a qual serão efetuados testes de voo, locomoção, nado e flutuabilidade, conforme as necessidades da espécie. Após se ter certeza de que o animal se encontra em condições de soltura, esta deve ser realizada. É preciso também respeitar o local onde o animal foi resgatado e, no caso de espécies migratórias, a época do ano.

SÍNTESE

Acidente ambiental
▼
Ecossistema
▼

- Algas
- Fitoplâncton
- Briófitas
- Pteridófitas
- Angiospermas
- Gimnospermas

- Zooplâncton
- Invertebrados
- Peixes
- Anfíbios
- Répteis
- Aves
- Mamíferos

- Impactos: diretamente do contato com o poluente e, posteriormente, com a limpeza do ecossistema.
- Efeitos a curto, médio e longo prazo, com impactos nos seguintes níveis: organismo, população e comunidade.

PARA SABER MAIS

O *site* da União Internacional para a Conservação da Natureza (IUCN) contempla dados sobre espécies ameaçadas em todo o mundo, incluindo sua categorização, principais ameaças a que estão expostas, características das espécies e estudos envolvidos.

IUCN – International Union for Conservation of Nature. Disponível em: <http://www.iucn.org>.

QUESTÕES PARA REVISÃO

1. Qual é a função do fitoplâncton em um ecossistema?

2. Quais são as duas principais formas de contaminação de um animal por um poluente?

3. Após o derramamento de uma grande quantidade de óleo no oceano, decorrente do encalhe de um navio petroleiro, foram utilizadas as seguintes estratégias de limpeza: dispersantes químicos, boias absorventes e bombeamento a vácuo. Com base nos impactos sobre a comunidade marinha do local, assinale as afirmativas corretas. Em seguida, escolha a alternativa correspondente:
   i. Como o óleo concentra-se na superfície da água, organismos bentônicos não foram atingidos ao longo do processo.
   ii. Um dos grupos mais afetados nesse tipo de caso são os organismos planctônicos, pois se concentram nas camadas mais superficiais da coluna de água.
   iii. Animais de grande porte, como baleias e golfinhos, são imunes a eventos como este, pois, em razão de sua mobilidade, podem evitar o contato com o poluente.
   iv. Peixes oceânicos são menos sensíveis a esse tipo de acidente, podendo vir a se contaminar pela ingestão de presas contaminadas.

   a. I, II e IV.
   b. I e II.
   c. II e IV.
   d. II e III.

4. Sobre os efeitos da exposição de plantas a um poluente, analise as afirmativas a seguir. Em seguida, escolha a opção correspondente:
   i. Angiospermas e gimnospermas arbóreas apresentam menor vulnerabilidade diante de um acidente, estando mais restritas a eventos em que o solo é contaminado.
   ii. Uma das técnicas utilizadas na limpeza de ecossistemas é o corte da vegetação, podendo ser benéfico, como no caso de espécies herbáceas de crescimento rápido, pois facilita o aparecimento de novos brotos.
   iii. Algumas espécies de plantas aquáticas atuam como verdadeiros filtros naturais, retirando da água substâncias tóxicas e armazenando-as em seus tecidos.
   iv. Quando ocorre a contaminação por óleo em um ambiente limícola, as plantas flutuantes são mais atingidas que as submersas.

a. I, II e IV.
b. II, III e IV.
c. I, II e III.
d. I, II, III e IV.

5. Sobre os efeitos da exposição de animais ao óleo, analise as proposições a seguir. Na sequência, escolha a opção correspondente:
   i. Répteis apresentam o corpo coberto por escamas que os tornam praticamente imunes aos malefícios decorrentes de um acidente envolvendo óleo.
   ii. O óleo pode inibir as secreções das glândulas uropigianas nas aves e das sebáceas nos mamíferos, fazendo com que as penas e os pelos percam a sua capacidade de isolante térmico.
   iii. O fato de os anfíbios apresentarem uma pele bem vascularizada eleva sua sensibilidade quando em contato com o óleo.
   iv. Os peixes, ao ingerirem zooplâncton contaminado, podem vir a contaminar outros animais que sejam seus predadores e que habitem locais que nem tiveram contato direto com o óleo.

   i. I, II e IV.
   ii. I e II.
   iii. II e IV.
   iv. II, III e IV

QUESTÃO PARA REFLEXÃO

Estendendo o mesmo raciocínio empregado na "Questão para reflexão" do capítulo anterior, identifique os principais resíduos de suas atividades diárias, como a fumaça do escapamento do seu veículo, o esgoto doméstico, embalagens não recicladas e restos de alimentos, e procure identificar quais são os impactos gerados quando estes entram em contato com um organismo. Levante questões como: Quais organismos são afetados? Esse contato seria letal para o indivíduo? Tal resíduo atingiria apenas um indivíduo ou poderia contaminar toda uma comunidade? Se eu multiplicar o resíduo diário que produzo pela população do planeta, quais são as consequências? Ao final, discuta os resultados com seu grupo de estudos e com seus amigos e familiares.

PARA CONCLUIR...

Iniciamos este livro com um comentário sobre os fatores que culminaram no desenvolvimento das populações humanas ao longo da história e com uma analogia com o início do processo de degradação ambiental. Agora, após estudarmos o conteúdo dos capítulos e estarmos cientes de toda a problemática que envolve os processos industriais e de exploração dos recursos naturais, podemos afirmar que, infelizmente, o desenvolvimento e a degradação ambiental, na maior parte das vezes, caminham lado a lado. Os fatores que culminam nessa convergência em geral estão associados à negligência, à irresponsabilidade ou simplesmente à falta de incentivo para que novas metodologias sejam elaboradas. Isso não se aplica apenas àqueles que gerenciam esses processos, mas a todos os envolvidos, inclusive a população, que muitas vezes se comporta de maneira indiferente ao se deparar com situações de risco, ou simplesmente atua de maneira irresponsável nas pequenas ações que, somadas, culminam da mesma maneira em impactos negativos para o meio ambiente.

O processo de degradação ambiental se iniciou com a crescente necessidade das populações humanas de modificar o ambiente e extrair recursos para a sua subsistência, aumentando gradativamente, ao passo que a indústria ganhava força e necessitava cada vez mais de matéria-prima (Canêdo, 1985). A grande questão é que tudo se desenvolveu de maneira desordenada, sem considerar as consequências futuras. Durante o período inicial da revolução industrial, que é um marco do desenvolvimento, ainda se cultivava a ideia de que os recursos naturais existiam simplesmente para atender às necessidades humanas. Isso talvez se deva ao fato de que o conhecimento a par das questões ambientais era reduzido ou, quando existente e já divulgado por ambientalistas e pensadores da época, era tido simplesmente como um fator opositor, que pressupunha um retrocesso no modo de produção e consumo que se proliferava.

É de espantar que, em pleno século XXI, a forma de pensar sustentada na ideia de que os recursos naturais são inesgotáveis, que existem para suprir nossas necessidades e que a defesa do meio ambiente é um retrocesso ainda persiste em uma fração da população, mesmo diante da iminência de um colapso climático que trará danos irreversíveis para várias espécies, inclusive a nossa.

Acidentes ambientais enquadram-se direta ou indiretamente dentro das quatro principais causas de perdas de diversidade biológica, principalmente no que se refere à degradação de *habitat*, porque contribuem com a liberação de poluentes nos ecossistemas (Primack; Rodrigues, 2006). Segundo o Ministério do Meio Ambiente (Brasil, 2013a), o Brasil apresenta 627 espécies ameaçadas de extinção; se levarmos em conta o ano de publicação da lista, atualmente podemos ter um número ainda maior. Muitas dessas espécies são dependentes de vários ecossistemas de elevada sensibilidade (manguezais, marismas e recifes de coral, por exemplo), o que é um fator preocupante, uma vez que a liberação de poluentes nesses locais pode vir a agravar ainda mais o status de ameaça das espécies.

Esse fator reforça a necessidade de um constante policiamento (Análise de Riscos) por parte dos responsáveis pelos processos que eventualmente podem desencadear a liberação de poluentes no ambiente. Além disso, é imprescindível que os órgãos ambientais responsáveis intensifiquem a fiscalização e promovam a elaboração de leis cada vez mais eficazes que abranjam todos os casos de contaminação. Segundo dados do ICMBIO (Nascimento; Campos, 2011), o Brasil possui 313 Unidades de Conservação Federais inseridas em diferentes categorias de uso sustentado e proteção integral. Se pensarmos na extensão territorial, na grande diversidade de espécies e no modo em que estão distribuídas entre os biomas, este número ainda é insuficiente. Além disso, mesmo as áreas protegidas não estão completamente livres de serem afetadas por um acidente ambiental, graças a fatores naturais (correntes marítimas, relevo, hidrodinamismo), ao tipo de produto envolvido (solubilidade, viscosidade, tempo de degradação) e ao processo de bioacumulação nos organismos.

A redução do crescimento populacional, a diminuição da produção industrial em larga escala e a retirada de recursos naturais levando em conta apenas os benefícios a curto prazo são fatores cruciais a serem avaliados quando se pensa em preservação da biodiversidade (Primack; Rodrigues, 2006). Contudo, dentro desse contexto, os acidentes ambientais são apenas uma fatia do problema que, ao longo do tempo, culminou nos alarmantes níveis atuais de perda de espécies e ecossistemas.

Por fim, a principal mensagem que se pretende deixar se refere a uma mudança de atitude, de modo a desacelerar a degradação ambiental que vivemos – pois reverter o quadro é impossível. A tendência é que novas tecnologias surjam e que cada vez mais o ser humano melhore sua qualidade de vida. No entanto, é importante que todos tenham consciência de que esta só será alcançada quando existir um equilíbrio entre o desenvolvimento humano e a preservação do meio ambiente.

GLOSSÁRIO

Água de lastro: volume de água colocado no interior dos tanques de um navio após o desembarque de uma carga para garantir a estabilidade da navegação.

Arborícola: hábito de viver em árvores.

Ascídias: organismos solitários ou coloniais que vivem fixos ao substrato marinho.

Atobá: espécie de ave pertencente à família Sulidae, típica de ambientes costeiros.

Autotróficos: organismos que apresentam a capacidade de produzir o seu próprio alimento por processo fotossintético ou quimiossintético.

Biguá: espécie de ave da família Phalacrocoracidae comumente encontrada em ambientes aquáticos.

Bioluminescência: capacidade de um ser vivo de emitir luz.

Biota: conjunto de todos os seres vivos de um ecossistema.

Colhereiro: ave da família Threskiornithidae que habita locais ricos em água, caracterizada pelo bico em forma de colher.

Cracas: crustáceos marinhos que vivem aderidos ao substrato.

Cuidado parental: comportamento verificado entre os animais no qual o pai, a mãe ou ambos cuidam dos filhotes até que estes se tornem independentes.

Demersais: organismos que, mesmo apresentando capacidade de locomoção, optam por viver próximos ao substrato.

Escarpas: locais caracterizados por uma abrupta elevação do terreno, como penhascos ou encostas íngremes.

Espiráculo: nos animais marinhos, corresponde ao orifício respiratório localizado na porção superior do corpo.

Evapotranspiração: processo de perda de água na forma líquida ou gasosa pelos organismos: evaporação e transpiração.

Evento ou efeito em cascata: termo utilizado para se referir a um efeito que primeiramente afeta um indivíduo e, na sequência, vai se propagando a outros.

Filamentosa: algas em formato de fita.

Filo: segundo nível de organização taxonômica, sendo constituído por um conjunto de classes.

Fisiográfico: características geográficas e físicas.

Fisionomia: refere-se à aparência da vegetação, sendo influenciada pelas espécies que a compõem.

Fossoriais: organismos que vivem em meio ao solo.

Glândulas sebáceas: glândulas localizadas na base dos pelos dos mamíferos, responsáveis pela secreção de sebo (gordura).

Heterotróficos: seres vivos que não produzem o seu próprio alimento, tendo que obtê-lo de outros organismos.

Hipotermia: processo no qual a temperatura corporal de um organismo cai abaixo do normal, de maneira involuntária.

Húmus: matéria orgânica depositada no solo, oriunda de organismos mortos ou de suas excreções.

Intemperismo: conjunto de fatores físicos e químicos que levam ao desgaste de algum componente do ambiente.

Liquefeito: aquilo que se torna líquido.

Macroalgas: algas multicelulares que apresentam órgãos diferenciados.

Ovíparo: organismos em que o embrião se desenvolve dentro de um ovo no meio externo.

Patógenos: agente responsável por causar uma doença.

Patologia: estudo de uma doença.

Pelágicos: organismos que habitam o oceano aberto.

Processo de lateralização: quando os sedimentos, ao se depositarem, acumulam-se horizontalmente.

Ressaca: fenômeno de intensa rebentação de ondas ao longo da costa.

Rizoma: tipo de caule normalmente subterrâneo que cresce horizontalmente.

Saprófitos: organismos que se alimentam à base de matéria orgânica morta ou em decomposição.

Sésseis: organismos que vivem fixos ao substrato.

Silte: fragmentos de rocha ou mineral de dimensões menores que um grão de areia e maiores que a argila.

Simbiontes: relação mutualística entre dois organismos, quando ambos são beneficiados.

Talosas: espécies vegetais que não apresentam diferenciação entre raiz, caule e folha.

Vagas: fenômeno marinho caracterizado pelo intervalo entre duas ondas, que gera uma abertura da superfície marinha.

REFERÊNCIAS

ABGR – Associação Brasileira de Gerenciamento de Riscos. **Estatuto social**. São Paulo, 2010. Disponível em: <http://www.abgr.com.br/images/Estatuto_Social.pdf>. Acesso em: 27 nov. 2013.

ABIQUIM – Associação Brasileira da Indústria Química. **Manual para atendimento de emergências com produtos perigosos**. 5. ed. São Paulo, 2008. Disponível em: <http://www.defesacivil.to.gov.br/produtos-perigosos>. Acesso em: 2 dez. 2013.

ABNT – Associação Brasileira de Normas Técnicas. **ABNT NBR10004 – Classificação de Resíduos sólidos**. Rio de Janeiro, 2004. Disponível em <http://www.aslaa.com.br/legislações/NBR%20n%201004.pdf>. Acesso em 10 fev. 2014.

ADW – Animal Diversity Web. *Falco peregrinus*. Disponível em: <http://animaldiversity.ummz.umich.edu/site/accounts/information/Falco_peregrinus.html>. Acesso em: 27 nov. 2013.

AHMADJIAN, V. **The Lichen Symbiosis**. New York: John Wiley & Sons, 1993.

ALBINO, J. **Processos de sedimentação atual e morfodinâmica das praias de Bicanga a Povoação – ES**. 182 f. Tese (Doutorado em Geociências) – Universidade de São Paulo, 1999.

AMC – Associação Mata Ciliar. **Preservar vidas é de nossa natureza**. Disponível em: <http://mataciliar.org.br/mata/>. Acesso em: 2 dez. 2013.

ATLAS de História Mundial. Rio de Janeiro: Reader's Digest, 2001.

BEGON, M.; TOWNSEND, C. R.; HARPER, J. L. **Ecologia**: de indivíduos a ecossistemas. 4. ed. Porto Alegre: Artmed, 2007.

BEN-DAYA, M.; RAOUF, A. A Revised Failure Mode and Effect Model. **International Journal of Quality & Reliability Management**, v. 13, n. 1, p. 43-47, 1996.

BRASIL. Decreto n. 4.871, de 6 de novembro de 2003. **Diário Oficial da União**, Poder Executivo, Brasília, 7 nov. 2003. Disponível em: <www.planalto.gov.br/ccivil_03/decreto/2003/d4871.htm>. Acesso: 9 dez. 2013.

_____. Decreto n. 79.437, de 28 de março de 1977. **Diário Oficial da União**, Poder Executivo, Brasília, 29 mar. 1977. Disponível em: <http://www.planalto.gov.br/ccivil_03/decreto/1970-1979/D79437.htm>. Acesso em: 9 dez. 2013.

BRASIL. Decreto n. 83.540, de 4 de junho de 1979. **Diário Oficial da União**, Poder Executivo, Brasília, 5 jun. 1979. Disponível em: <http://www2.camara.gov.br/legin/fed/decret/1970-1979/decreto-83540-4-junho-1979-432843-norma-pe.html>. Acesso em: 9 dez. 2013.

_____. Lei n. 9.996, de 28 de abril de 2000. **Diário Oficial da União**, Poder Legislativo, Brasília, 29 abr. 2000. Disponível em: <http://www.planalto.gov.br/ccivil_03/leis/L9966.htm>. Acesso em: 29 nov. 2013.

_____. Ministério do Meio Ambiente. **Especificações e normas técnicas para elaboração de cartas de sensibilidade ambiental para derramamento de óleo.** Brasília, 2007. Disponível em: <http://www.mma.gov.br/estruturas/projeto/_arquivos/cartassao2007.port.pdf>. Acesso em: 9 dez. 2013.

_____. **Espécies ameaçadas de extinção.** Disponível em: <http://www.mma.gov.br/biodiversidade/esp%C3%A9cies-amea%C3%A7adas-de-extin%C3%A7%C3%A3o>. Acesso em: 28 nov. 2013a.

_____. **Mapeamento de sensibilidade ambiental ao óleo na zona costeira e marinha.** Brasília. Disponível em: <http://www.mma.gov.br/seguranca-quimica/cartas-de-sensibilidade-ao-oleo>. Acesso em: 28 nov. 2013b.

BRASIL. Ministério do Meio Ambiente. Conselho Nacional do Meio Ambiente. Resolução n. 293, de 12 de dezembro de 2001. **Diário Oficial da União**, Brasília, 29 abr. 2002a. Disponível em: <http://www.mma.gov.br/port/conama/res/res01/res29301.html>. Acesso em: 5 dez. 2013.

_____. Resolução n. 398, de 11 de junho de 2008. **Diário Oficial da União**, Brasília, 12 de jun. 2008. Disponível em: <http://www.mma.gov.br/port/conama/legiabre.cfm?codlegi=575>. Acesso em: 9 dez. 2013.

BRASIL. Ministério do Meio Ambiente. Secretaria de Mudanças Climáticas e Qualidade Ambiental. **Especificações e normas técnicas para elaboração de cartas de sensibilidade ambiental para derramamentos de óleo.** Brasília, 2002b. Disponível em: <http://www.prh27.log.furg.br/site/wp-content/files_mf/1298311714MonografiaCarine_Lacerda_PRH27_FURG.pdf>. Acesso em: 9 dez. 2013.

BRASIL. Ministério do Meio Ambiente. Secretaria Executiva. **Catálogo de publicações do programa piloto para proteção das florestas tropicais do Brasil**: 17 anos de atuação na Amazônia e mata atlântica. Brasília, 2009. Disponível em: <http://www.mma.gov.br/estruturas/168/_publicacao/168_publicacao15102009043435.pdf>. Acesso em: 6 dez. 2013.

CANÊDO, L. B. **A revolução industrial**: tradição e ruptura, adaptação da economia e da sociedade rumo a um mundo industrializado. 3. ed. São Paulo: Atual, 1985.

CARVALHO, A. B. P.; OZORIO, C. P. Avaliação sobre os banhados do Rio Grande do Sul. **Revista de Ciências Ambientais**, Canoas, v. 1, n. 2, p. 83-95, 2007. Disponível em: <https://www.google.com.br/url?sa=t&rct=j&q=&esrc=s&source=web&cd=1&ved=0CC0QFjAA&url=http%3A%2F%2Fwww.revistas.unilasalle.edu.br%2Findex.php%2FRbca%2Farticle%2Fdownload%2F171%2F188&ei=GBmeUpqqOaTgsATzioHwBQ&usg=AFQjCNGKW0C7ZCjhp7Rh4CRo3BtBgUm66Q&bvm=bv.57155469,d.cWc>. Acesso em: 3 dez. 2013.

CARVALHO, V. Maior acidente radiológico do mundo completa 25 anos nesta semana. **G1**, 11 set. 2012. Disponível em: <http://g1.globo.com/goias/noticia/2012/09/maior-acidente-radiologico-do-mundo-completa-25-anos-nesta-semana.html>. Acesso em: 27 nov. 2013.

CBRO – Comitê Brasileiro de Registros Ornitológicos. **Listas das aves do Brasil**. 10. ed. São Paulo, 2011. Disponível em: <http://www.cbro.org.br/CBRO/pdf/AvesBrasil2011.pdf>. Acesso em: 27 nov. 2013.

CHAUÁ SOCIEDADE. **Floraparaná**: catálogo de plantas nativas do Paraná. Disponível em: <http://www.chaua.org.br/pagina/floraparana-catalogo-plantas-nativas-do-parana>. Acesso em: 21 nov. 2013.

CUBAS, Z. S.; SILVA, J. C. R.; CATÃO-DIAS, J. L. **Tratado de animais selvagens**: medicina veterinária. São Paulo: Roca, 2007.

DINIZ, F. et al. **Apostila do curso sobre estudo de análise de riscos e programa de gerenciamento de riscos**. Rio de Janeiro: DNV, 2006. Apostila. Disponível em: <http://www.mma.gov.br/estruturas/sqa_pnla/_arquivos/_2.pdf>. Acesso em: 3 dez. 2013.

DIRECCIÓN GENERAL DE PROTECCIÓN CIVIL. **Guia Técnica**: métodos para el cuantitativos análisis de riesgos. Madri, 1990.

ENCYCLOPEDIA SMITHSONIAN. **The Titanic**. Disponível em: <http://www.si.edu/encyclopedia_si/nmah/titanic.htm>. Acesso em: 27 nov. 2013.

ESF – College of Environmental Science and Foresty. **Origin of Lakes**. Disponível em: <http://www.esf.edu/efb/schulz/Limnology/LakeOrigin.html>. Acesso em: 2 dez. 2013.

FEPAM – Fundação Estadual de Proteção Ambiental Henrique Luis Roessler. **Manual de Análise de Riscos Industriais**. Projeto de manual de análise. FEPAM n°1/1. 2001. Disponível em: <http://www.fepam.rs.gov.br/central/formularios/arq/manual_risco.pdf>. Acesso em: 8 jan. 2014.

FINDLAY, S. E. G.; SINSABAUGH, R. L. **Aquatic Ecosystems**: Interactivity of Dissolved Organic Matter. San Diego: Academic Press, 2003.

FOLHA ONLINE. Vazamento de 4 milhões de litros de óleo no Paraná deixa mancha de 10 km. **Folha de S. Paulo**, 17 set. 2000. Disponível em: <http://www1.folha.uol.com.br/folha/cotidiano/ult95u4936.shtml>. Acesso em: 27 nov. 2013.

FRANCESCHINI, I. M. et al. **Algas**: uma abordagem filogenética taxonômica e ecológica. Porto Alegre: Artmed, 2010.

FRANZINELLI, E. Características morfológicas da confluência dos rios Negro e Solimões (Amazonas, Brasil). **Revista Brasileira de Geociências**, São Paulo, v. 41, n. 4, p. 587-596, 2011.

GALVÃO, F. et al. Composição florística e fitossociologia de caxetais do Litoral do Sul do Estado do Paraná-Brasil: **Floresta**, v. 32, n. 1, p. 17-39, 2002. Disponível em: <http://ojs.c3sl.ufpr.br/ojs2/index.php/floresta/article/viewFile/2347/1961>. Acesso em: 9 dez. 2013.

GOOGLE MAPS. Disponível em: <https://maps.google.com/>. Acesso em: 9 dez. 2013.

GREENPEACE. Disponível em: <http://www.greenpeace.org.br/bhopal/docs/Bhopal_desastre_continua.pdf>. Acesso em: 27 nov. 2013.

HENLEY, E. J.; KUMAMOTO, H. **Reliability Engineering and Risk Assessment.** New York: Prentice-Hall, 1981.

HINRICHSEN, D. The Forest Decline Enigma. **BioScience**, Reston, v. 37, n. 8, p. 542-546, Sept. 1987.

IBAMA – Instituto Brasileiro do Meio Ambiente e dos Recursos Naturais Renováveis. **Relatório de Acidentes Ambientais.** Ibama – MMA, 2012. 28 p.

IBGE – Instituto Brasileiro de Geografia e Estatística. **Mapa de biomas e de vegetação.** 2004. Disponível em: <www.ibge.gov.br/home/presidencia/noticias/21052004biomashtml.shtm>. Acesso em: 6 jan. 2014.

ICI – Imperial Chemical Industries; CIA – Chemical Industries Association; CISHEC – Chemical Industry Safety & Health Council. **A Guide to Hazard and Operability Studies.** London, 1977.

ITOPF – The International Tanker Owners Pollutions Federetion Limited. Disponível em: <http://www.itopf.com/>. Acesso em: 28 nov. 2013.

KREBS, C. J. **Ecology:** The Experimental Analysis of Distribution and Abundance. New York: Harper & Row, 1972.

LAMPERT, W.; SOMMER, U. **Limnoecology:** The Ecology of Lakes and Streams. New York: Oxford University Press, 2007.

LEE, R. E. **Phycology.** 3. ed. New York: Cambridge University Press, 1999.

LIMA-E-SILVA, P. P. de et al. **Dicionário brasileiro de ciências ambientais.** Rio de Janeiro: Thex, 1999.

LOPES, C. F.; MILANELLI, J. C.; POFFO, I. R. F. **Ambientes costeiros contaminados por óleo**: procedimentos de limpeza – manual de orientação. São Paulo: Secretaria de Estado do Meio Ambiente, 2006. Disponível em: <http://www.cetesb.sp.gov.br/userfiles/file/emergencias-quimicas/acidentes/ambientes-costeiros.pdf>. Acesso em: 5 dez. 2013.

LOVETT, R. A. Dispersantes aumentam a toxicidade do petróleo derramado. **Scientific American Brasil.** Disponível em: <http://www2.uol.com.br/sciam/artigos/dispersantes_aumentam_toxicidade_do_petroleo_derramado.html>. Acesso em: 27 nov. 2013.

MALTCHIK, L. Ecologia de rios intermitentes tropicais. In: POMPÊO, M. L. M. **Perspectivas da limnologia no Brasil.** São Luis: União, 1999. p. 77-89.

MARTIN, P. S.; KLEIN. R. G. **Quaternary Extinctions:** a Prehistoric Evolution. Tucson: The University of Arizona Press, 1984.

NASCIMENTO, J. L.; CAMPOS, I. B. (Org.). **Atlas da fauna brasileira ameaçada de extinção em unidades de conservação federais**. Brasília: Instituto Chico Mendes de Conservação da Biodiversidade, 2011. Disponível em: <http://www.icmbio.gov.br/portal/images/stories/documentos/Atlas-ICMBio-web.pdf>. Acesso em: 6 dez. 2013.

ODUM, E. P. **Ecologia**. Rio de Janeiro: Guanabara, 1988.

ODUM, E. P.; BARRETT, G. W. **Fundamentos de ecologia**. 5. ed. São Paulo: Cengage Learning, 2007.

ONU – Organização das Nações Unidas. **Classificação e definição das classes de produtos perigosos**. Disponível em: <http://www.unifesp.br/reitoria/residuos/orientacao-geral/arquivos/02-PorMT204-97_1.pdf>. Acesso em: 28 nov. 2013.

PEREIRA, R. S. Identificação e caracterização das fontes de poluição em sistemas hídricos. **Revista Eletrônica de Recursos Hídricos**, Porto Alegre, v. 1, n. 1, p. 20-36, jul./set. 2004. Disponível em: <http://www.abrh.org.br/informacoes/rerh.pdf>. Acesso em: 5 dez. 2013.

PÉREZ, G. R.; RESTREPO, J. J. R. **Fundamentos de limnologia neotropical**. 2. ed. Bogotá: Editorial Universidad de Antioquia; Academia Colombiana de Ciencias Exactas, Físicas y Naturales, 2008. (Colección Ciencia y Tecnología, v. 31).

PERGUNTAS e respostas sobre o vazamento de óleo no rio. **Folha de S. Paulo**, 17 nov. 2011. Disponível em: <http://www1.folha.uol.com.br/mercado/1007955-perguntas-e-respostas-sobre-o-vazamento-de-oleo-no-rio.shtml>. Acesso em: 27 nov. 2013.

PINHEIRO, T. F. **Caracterização de fitofisionomias em uma floresta de terra firme da Amazônia central por inventário florístico e por textura de imagens simulação do MAPSAR (Multi-Application Purpose SAR)**. 111 f. Dissertação (Mestrado em Sensoriamento Remoto) – Instituto Nacional de Pesquisas Espaciais, São José dos Campos, 2007.

POFFO, I. R. F., GOUVEIA, J. L. N; HADDAD, E. Acidentes ambientais e comunicação de riscos. In: CONGRESSO BRASILEIRO DE COMUNICAÇÃO AMBIENTAL, 2., 2005, São Paulo, **Anais...** São Paulo: Revista Meio Ambiente Industrial, 2005.

POUGH, F. H.; JANIS, C. M.; HEISER, J. B. **A vida dos vertebrados**. 4. ed. São Paulo: Atheneu, 2003.

PRIMACK, R. B.; RODRIGUES, E. **Biologia da conservação**. Londrina: Planta, 2006.

RAVEN, P. H.; EVERT, R. F.; EICHHORN, S. E. **Biologia vegetal**. 7. ed. Rio de Janeiro: Guanabara Koogan, 2007.

RÉ, P. **Ecologia marinha**. Lisboa: Universidade de Lisboa, 2005.

RICKLEFS, R. E. **A economia da natureza**. 5. ed. Rio de Janeiro: Guanabara Koogan, 2010.

RIO DE JANEIRO (Estado). Secretaria de Estado de Meio Ambiente e Desenvolvimento Sustentável. **Manguezais**: educar para proteger. Rio de Janeiro: Femar, 2001. Disponível em: <http://www.mma.gov.br/estruturas/sqa_pnla/_arquivos/manguezais.pdf>. Acesso em: 27 nov. 2013.

RODRIGUES, D. M. et al. **Análise de Modo e Efeito de Falha Potencial – FMEA**: apostila e tabelas recomendadas para severidade ocorrência e detecção. São Leopoldo: FIERGS/Senai, 2010. Disponível em: <http://tobiasmugge.files.wordpress.com/2009/08/apostilafmea.pdf>. Acesso em: 3 dez. 2013.

RUPERT, E.; BARNES, R. D. **Zoologia dos invertebrados**. 6. ed. São Paulo: Roca, 1996.

SAKURADA, E. Y. **As técnicas de análise dos modos de falhas e seus efeitos e análise da árvore de falhas no desenvolvimento e na avaliação de produtos**. 131 f. Dissertação (Mestrado em Engenharia Mecânica) – Universidade do Estado de Santa Catarina, Florianópolis, 2001. Disponível em: <http://www.academia.edu/2321902/As_Tecnicas_de_Analise_dos_Modos_de_Falhas_e_seus_Efeitos_e_Analise_da_Arvore_de_Falhas_no_Desenvolvimento_e_na_Avaliacao_de_Produtos>. Acesso em: 2 dez. 2013.

SANT'ANNA, A. P.; PINTO JUNIOR, R. P. S. Composição probabilística no cálculo das prioridades na FMEA. **Sistemas e Gestão**, Rio de Janeiro, v. 5, n. 3, p. 179-191, Set. 2010. Disponível em: <http://www.uff.br/sg/index.php/sg/article/viewFile/V5N3A5/V5N3A5>. Acesso em: 3 dez. 2013.

SÃO PAULO (Estado). Companhia Ambiental do Estado de São Paulo. Disponível em: <http://www.cetesb.sp.gov.br>. Acesso em: 27 nov. 2013a.

_____. **Emergências químicas**. Disponível em: <http://webcache.googleusercontent.com/search?q=cache:t_bjt1b11DsJ:www.cetesb.sp.gov.br/gerenciamento-de-riscos/emergencias-quimicas/137-principaisacidentes+&cd=1&hl=pt-BR&ct=clnk&gl=br>. Acesso em: 5 dez. 2013b.

_____. **Legislação e convenções**. Disponível em: http://www.cetesb.sp.gov.br/gerenciamento-de-riscos/vazamento-de-oleo/248-legislacao-e-convencoes. Acesso em: 27 nov. 2013c.

_____. **Manual de orientação para a elaboração de estudos de análise de riscos**. São Paulo, 2003. Disponível em: <http://www.cetesb.sp.gov.br/gerenciamento-de-riscos/emergencias-quimicas/10-conceito-de-risco>. Acesso em: 27 nov. 2013d.

SICK, H. **Ornitologia brasileira**. Rio de Janeiro: Nova Fronteira, 2001.

SIGRIST, T. **Mamíferos do Brasil**: uma visão artística. São Paulo: Avisbrasilis, 2012.

SMITH, G. M. **Botânica criptogâmica**: briófitas e pteridófitas. 4. ed. Lisboa: Calouste Gulbenkian, 1987.

SMITH, G. M.; TAVARES, C. N. **Botânica criptogâmica**: algas e fungos. Lisboa: Calouste Gulbenkian, 1987.

SOARES, P.; PETRY, S. Sete municípios do rio serão afetados por vazamento químico. **Folha de São Paulo**, Rio de Janeiro, fev. 2003. Disponível em: <http://www1.folha.uol.com.br/folha/cotidiano/ult95u72176.shtml>. Acesso em: 28 nov. 2013.

SOUZA, E. A. **O treinamento industrial e a gerência de riscos** – Uma proposta de instrução programada. Dissertação (Mestrado) – Universidade Federal de Santa Catarina. Florianópolis, 1995. Disponível em: <http://www.eps.ufsc.br/disserta/evandro/capit_3/cap3_eva.htm>. Acesso em: 8 jan. 2014.

SOUZA, V. C.; LORENZI, H. **Botânica sistemática**: guia ilustrado para identificação das famílias de fanerógamas nativas e exóticas no Brasil, baseado em APG II. 2. ed. São Paulo, 2008.

STONE, R. The Long Shadow of Chernobyl. **National Geographic**, Washington, Apr. 2006. Disponível em: <http://ngm.nationalgeographic.com/2006/04/inside-chernobyl/stone-text>. Acesso em: 28 nov. 2013.

TAVARES, J. C. **Noções de prevenção e controle de perdas em segurança do trabalho**. 8. ed. São Paulo: Senac, 2010.

TAIZ, L.; ZEIGER, E. **Fisiologia vegetal**. 3. ed. Porto Alegre: Artmed, 2004.

TUNDISI, G. J. **O futuro dos recursos hídricos**. Londrina: Multiciência, 2003.

VON SPERLING, M. Princípio do tratamento biológico de águas residuais. In: **Introdução à qualidade das águas e ao tratamento de esgoto**s. 3. ed. Belo Horizonte: Departamento de Engenharia Sanitária e Ambiental; Universidade Federal de Minas Gerais, 2005. (Coleção Princípios do Tratamento Biológico de Águas Residuais, v. 1).

WIKIPEDIA. **Bioma**. Disponível em: <http://pt.wikipedia.org/wiki/Bioma>. Acesso em: 28 jan. 2014.

RESPOSTAS

Capítulo 1

1. Compreender a complexidade e a fragilidade dos ambientes naturais; elaborar metas de ação em prol da conservação; compreender que tudo na natureza está interligado pelas relações entre os seres vivos e o meio.

2. Em primeira instância, pode levar à morte dos indivíduos. Caso isso não ocorra, pode haver um processo acumulativo da substância em seus tecidos, podendo levar à morte dos seus predadores, em virtude da ingestão de vários organismos contaminados.

3. Sequência correta: I, V, III, II, IV.

4. Alternativa **a**. Os fungos são os decompositores de todos os outros níveis. Os produtores são as gramíneas, que servem de alimento para os consumidores primários (coelho). As cobras (consumidores secundários) alimentam-se dos coelhos. Por fim, o gavião (consumidor terciário) alimenta-se tanto dos coelhos como das cobras.

5. Alternativa **b**. A proposição **a** está incorreta pelo fato de que a introdução de espécies exóticas é tida por alguns autores como a principal ameaça à diversidade, por se expandir dentro daquele novo ambiente e competir com as espécies nativas. A alternativa **c** está incorreta porque a proliferação de doenças está relacionada ao contato da população silvestre com indivíduos domésticos contaminados ou ao desenvolvimento de doenças pelo processo do desmatamento, ambos influenciados por atividades humanas. Por fim, a alternativa **d** está incorreta porque a caça, a pesca e o tráfico

de animais silvestres enquadram-se na categoria de *Superexploração dos recursos naturais*, que também compõe uma forma de ameaça.

Capítulo 2

1. Desastres naturais correspondem aos fenômenos da natureza que ocorrem sem interferência humana (exceto as decorrentes do aquecimento global), como terremotos e tornados. Já os desastres tecnológicos apresentam ligação direta com as atividades humanas, como derramamentos de óleo e explosões nucleares.

2. Consiste no processo de organizar, planejar e dirigir os recursos humanos e materiais de um processo, buscando minimizar os efeitos sobre a imagem da organização envolvida, sobre as instalações, sobre a população e sobre o meio ambiente.

3. Alternativa correta: **d**. A alternativa I está incorreta pelo fato de que o acidente em Chernobyl trata-se de um desastre tecnológico, pois é fruto das ações humanas. A alternativa II está incorreta porque a radiação não atingiu somente a atmosfera, mas todo o ecossistema, incluindo água, solo e organismos.

4. A alternativa incorreta é a **b**, pelo fato de que a poluição é igualmente danosa aos três meios. Além disso, os poluentes presentes no solo podem ser levados para córregos e rios pela ação das chuvas e, com a evaporação, contaminar o ar.

5. Alternativa correta: **b**.

Capítulo 3

1. A Região Sudeste, por apresentar maior número de fatores de risco, como indústrias, terminais de carga e descarga, portos e estradas. Além disso, outro ponto agravante é a região conhecida como *Bacia de Campos*, no litoral do Rio de Janeiro, rica em reservas de petróleo.

2. A maioria dos acidentes ocorre durante o transporte e os produtos mais frequentemente envolvidos são os derivados de petróleo.

3. Alternativa correta: **c**. A alternativa III está incorreta pelo fato de que o Brasil apresenta apenas três usinas nucleares e que acidentes dessa origem são raros. A alternativa IV também está incorreta pelo fato de que óleos vegetais e grãos também são danosos ao meio ambiente, ainda mais quando atingem o meio aquático.

4. Alternativa correta: **b**.

5.
   a. I, III, IV, V e VI. Elementos radioativos consistem na forma mais perigosa de poluição, gerando efeitos danosos a todo o ecossistema.
   b. II, III, IV e VI. Os grãos inicialmente afetam o solo e, ao atingirem o córrego, aceleram seu processo de decomposição. Além disso, eles acabam gerando a eutrofização do ambiente, levando animais e plantas à morte pela queda na taxa de oxigênio.
   c. III, IV, V e VI. O óleo contamina o solo, a atmosfera (graças à liberação de gases) e, posteriormente, pela ação do relevo ou da chuva, o riacho. Nesses três meios, os animais e as plantas atingidos podem vir a morrer.

Capítulo 4

1. A sensibilidade de contaminação, estando associada a questões ambientais, sociais e econômicas.

2. Correntes marítimas, tipo de sedimentos que cobrem a costa e vegetação costeira.

3. Alternativa correta: **c**.

4. Alternativa correta: **c**. A alternativa I está incorreta pelo fato de que é fundamental, na fase de elaboração de um PEI, a consulta a outros empreendimentos para se ter uma noção dos procedimentos emergenciais. Da mesma forma, a alternativa II está incorreta porque, além de fatores econômicos e sociais, devem-se avaliar principalmente questões ambientais, pois elas muitas vezes acabam definindo a dinâmica dos acidentes.

5. Alternativa correta: **d**.

Capítulo 5

1. I) A análise *HazOp* aplica-se, principalmente, nas fases iniciais de execução, com o projeto já bem consolidado, enquanto a Amfe é empregada em todas as fases; II) O *HazOp* aborda todos os quesitos que envolvem a segurança do sistema, enquanto a Amfe destina-se às falhas dos componentes do sistema (falhas não humanas); III) O *HazOp* utiliza como base de sua metodologia a elaboração de perguntas a partir de palavras-guia, enquanto que a Amfe utiliza a descrição individual dos componentes.

2. A utilização de diagramas dispostos em sequência lógica, representando as etapas do processo. Isso leva a uma interpretação mais fácil mesmo por pessoas que não conhecem a fundo o sistema em questão.

3. Alternativa correta: **c**. A alternativa II está incorreta pelo fato de que a análise *HazOp* também avalia desvios relacionados a falhas humanas.

4. Alternativa correta: **b**. A alternativa I está incorreta pelo fato de que, nesta análise, não se avaliam erros de operação (falhas humanas).

5. Alternativa incorreta: **c**. Mesmo se tratando de uma análise de fácil interpretação, isso não quer dizer que ela seja menos confiável.

Capítulo 6

1. Em ambientes aquáticos, o hidrodinamismo corresponde ao principal fator natural que determina a amplitude de contaminação de um poluente, já que em locais caracterizados pela elevada ação das águas o poluente acaba por se dispersar mais rapidamente.

2. Primeiramente, caso seja um acidente que envolva combustão ou liberação de gases tóxicos, ocorre a contaminação atmosférica, na qual as partículas de poluente podem vir a se misturar com as moléculas de água e retornar ao ambiente terrestre pelas precipitações. Uma vez em terra – da mesma forma como ocorreria com outro tipo de acidente com liberação de substâncias líquidas ou sólidas –, pode haver penetração no solo e contaminação das águas subterrâneas.

Outra possibilidade é, pelo escoamento, os resíduos serem levados para os ambientes aquáticos.

3. Alternativa correta: **c**. A alternativa II está incorreta pelo fato de que os costões rochosos são ambientes de grande diversidade de espécies, principalmente organismos fixos (crustáceos, moluscos e equinodermos). A alternativa III está incorreta porque, mesmo que as praias arenosas aparentemente não possuam muitos organismos, grande parte da comunidade vive enterrada no substrato. A alternativa IV está incorreta pelo fato de que os dispersantes químicos, apesar de facilitarem o processo de degradação do óleo, apresentam efeitos sobre os organismos ainda não bem compreendidos, o que restringe seu uso a apenas algumas situações.

4. Alternativa correta: **b**. A alternativa I está incorreta pelo fato de que as águas subterrâneas podem apresentar contato com a superfície pelos afloramentos, locais que podem servir de fonte de contaminação, juntamente com a penetração de poluentes pelo solo. A alternativa III está incorreta porque, quando grandes quantidades de matéria orgânica são lançadas em um córrego, ocorre a proliferação de organismos decompositores que acabam consumindo o oxigênio disponível no local, afetando negativamente as demais espécies (eutrofização).

5. Alternativa correta: **d**.

Capítulo 7

1. O fitoplâncton é o grupo mais basal de organismos dentro da cadeia trófica marinha, sendo responsável pela maior parte da produção primária nesses ecossistemas. Além disso, sua atividade fotossintética auxilia na manutenção dos níveis de oxigênio.

2. A primeira é pelo contato direto do animal com o poluente, e a segunda, pela ingestão de organismos contaminados, podendo haver um processo de bioacumulação, no qual a substância é transmitida ao longo da cadeia trófica.

3. Alternativa correta: **c**. A alternativa I está incorreta pelo fato de que, como foram utilizados dispersantes químicos, o óleo passou a se misturar ao longo de toda a coluna de água, o que possibilita a contaminação dos organismos bentônicos. A alternativa III está incorreta porque, mesmo que os animais de grande porte evitem os locais contaminados, eles podem vir a ingerir grandes quantidades de presas que tenham acumulado em seu organismo frações do poluente.

4. Alternativa correta: **d**.

5. Alternativa correta: **d**. A alternativa I está incorreta pelo fato de que, mesmo os répteis apresentando o corpo coberto por escamas, também apresentam sensibilidade ao óleo, seja pelo contato (principalmente pelas mucosas), seja pela ingestão de alimentos contaminados.

APÊNDICES

CAPÍTULO 1

Quadro 1.1 – Tipos de ecossistemas

Terrestres: abrangem vários sistemas regionais com um tipo característico de vegetação, denominados de *biomas* (Odum, 1988). No Brasil o número de biomas pode variar conforme a fonte consultada, sendo mais ou menos específica quanto à sua divisão (figura).

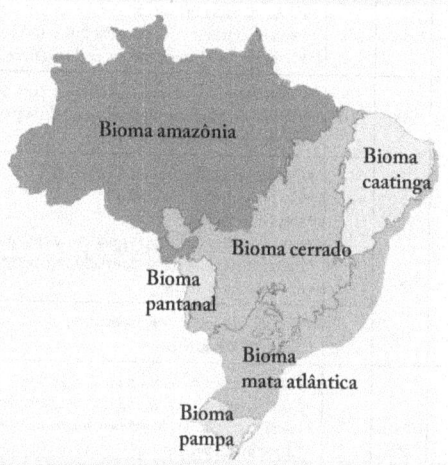

(figura: mapa do Brasil indicando Bioma amazônia, Bioma caatinga, Bioma cerrado, Bioma pantanal, Bioma mata atlântica, Bioma pampa)

Limícolas: englobam os ambientes que se caracterizam pela predominância de água doce, podendo ser: lênticos (água parada: lagos, tanques, açudes e poças) e lóticos (água corrente: rios e riachos).

Marinhos: ambientes caracterizados pela predominância de água salgada, incluindo regiões oceânicas, plataformas continentais, áreas de ressurgência, recifes de coral, estuários, manguezais, entre outros.

Fonte: IBGE, 2004.

CAPÍTULO 4

Quadro 4.2 – Código de cores utilizado para representar o índice de sensibilidade da zona costeira

Cor	Índice	Código			Tipos de costa
		R	G	B	
	Isl 1	119	38	105	•Costões rochosos lisos, de alta declividade, expostos •Falésias em rochas, sedimentos, expostas •Estruturas artificiais lisas (paredões, marítimos artificiais), expostas
	Isl 2	174	153	191	•Costões rochosos lisos, de declividade média a baixa, expostos •Terraços ou substratos de declividade média, expostos (terraços ou plataforma de abrasão, terraço arenítico exumado bem consolidado etc.)
	Isl 3	0	151	212	•Praias dissipativas de areia média a fina, expostas •Faixa arenosa contígua à praia, não vegetada, sujeita à ação de ressacas (restingas isoladas ou múltiplas, feixes alongados de restingas tipo "long beach") •Escarpas e taludes íngremes (formação do grupo barreiras e tabuleiros litorâneos) expostos •Campo de dunas expostas
	Isl 4	146	209	241	•Praias de areia grossa •Praias intermediárias de areia fina a média, expostas •Praias de areia fina a média, embriagadas
	Isl 5	152	206	201	•Praias mistas de areia e cascalho, ou conchas e fragmentos de corais •Terraço ou plataforma de abrasão de superfície irregular •Recifes areníticos em franja
	Isl 6	0	149	32	•Praia de cascalho (seixos e calhaus) •Costa de detritos calcários •Depósito de tálus •Enrolamento ("rip-rap", guia-corrente, quebra-mar) exposto •Plataforma ou terraço exumado recoberto por concreções lateríticas (disformes e porosas)
	Ils 7	214	186	0	•Planície de maré arenosa exposta •Terraço de baixa-mar
	Ils 8	225	232	0	•Escarpa/encosta de rocha lisa, abrigada •Escarpa/encosta de rocha não lisa, abrigada •Escarpas e tabules íngremes de areia, abrigados •Enrocamentos ("rip-rap" e outras estruturas artificiais não lisas) abrigados
	Ils 9	248	163	0	•Planície de maré arenosa / lamosa abrigada e outras áreas úmidas costeiras não vegetadas •Terraço de baixa-mar lamoso abrigado •Recifes areníticos servindo de suporte para colônias de corais
	Ils 10	214	0	24	•Deltas e barras de rios vegetados •Terraços alagadiços, banhados, brejos, margens de rios e lagoas •Brejo salobro ou de água salgada, com vegetação adaptada ao meio salobro ou salgado; apicum •Marismas •Manguezal (mangues frontais e mangues de estuários)

Fonte: Brasil, 2007, p. 68.

Figura 4.3 – Mapa da localização do local em que se pretende instalar uma plataforma de exploração contendo os pontos que podem vir a ser atingidos pelo petróleo em caso de acidente

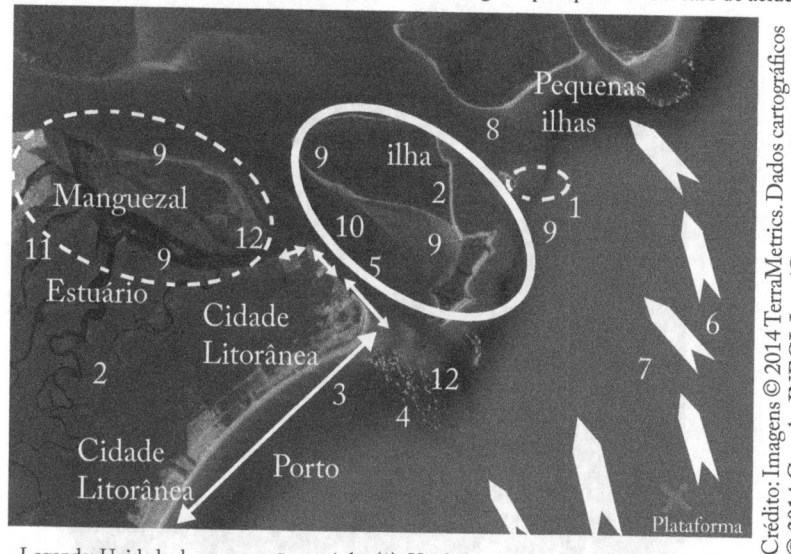

Legenda: Unidade de conservação marinha (1); Unidades de conservação (2); Praias (3); Pesca industrial (4); Área de mergulho (5); Ocorrência de grandes cetáceos (6); Ocorrência de pequenos cetáceos (7); Ocorrência de tartaruga-marinha (8); Ocorrência de aves (9); Ocorrência de bivalves (10); Ocorrência de jacarés-do-papo-amarelo (11); Peixes pelágicos (12); Recifes areníticos (◯); Praias intermediárias de areia média e fina (⟷); Planície de maré arenosa e lodosa (⟷), Manguezais e estuários (⋯), Escarpas (◯); Correntes marítimas (⟹).

Figura 4.4 – Carta de sensibilidade ambiental para a área onde será implantada a plataforma para exploração de petróleo

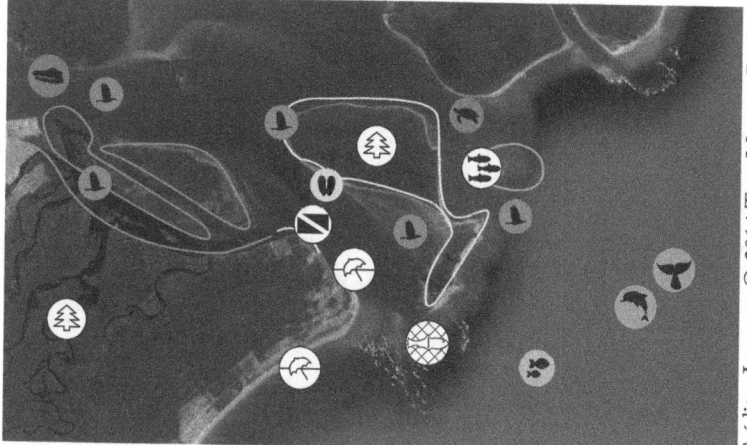

Nota: Perceba a simbologia utilizada e a cor das linhas, que reflete o índice de sensibilidade da zona costeira, de acordo com a Figura 4.3.

Figura 6.1 – Correntes marítimas que afetam a costa leste da América do Sul

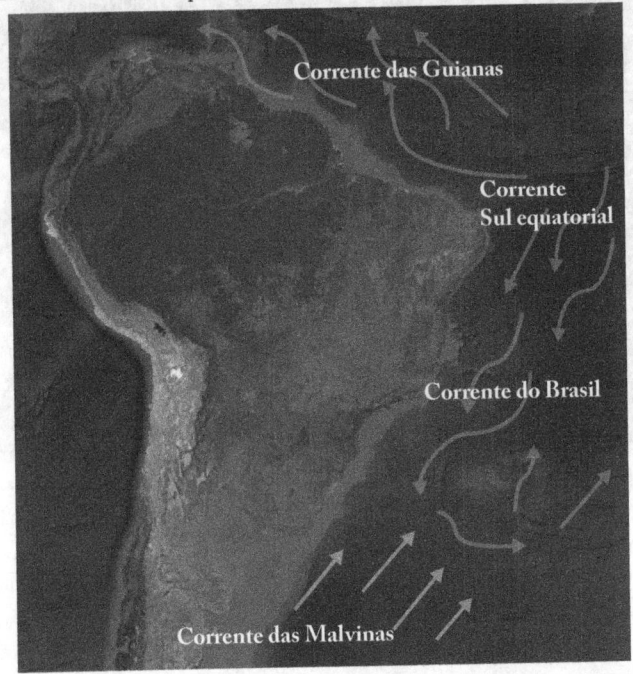

Nota: A Corrente das Malvinas é uma corrente fria, pois tem origem nas regiões polares, enquanto as demais são quentes, pois são formadas nas regiões tropicais.

Figura 6.5 – Ecossistemas terrestres representados pelos biomas

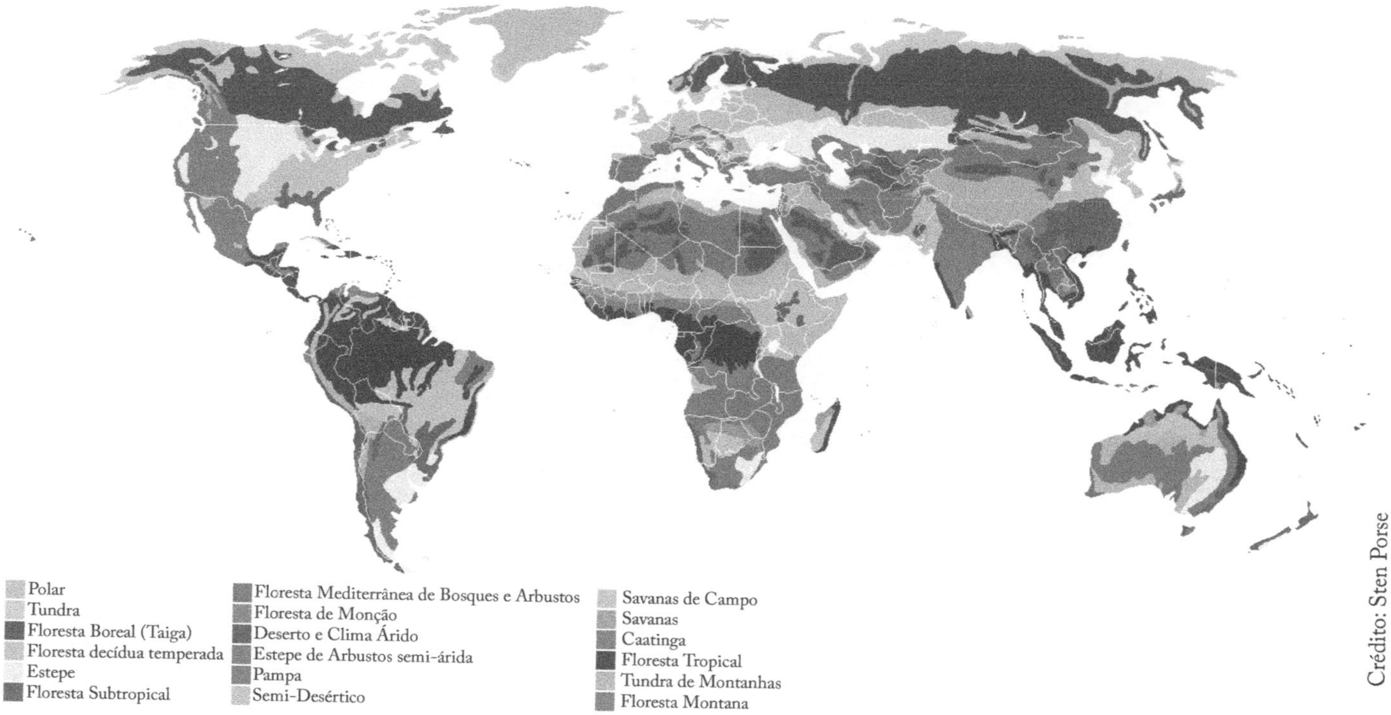

Polar
Tundra
Floresta Boreal (Taiga)
Floresta decídua temperada
Estepe
Floresta Subtropical
Floresta Mediterrânea de Bosques e Arbustos
Floresta de Monção
Deserto e Clima Árido
Estepe de Arbustos semi-árida
Pampa
Semi-Desértico
Savanas de Campo
Savanas
Caatinga
Floresta Tropical
Tundra de Montanhas
Floresta Montana

Crédito: Sten Porse

Nota: Esta ilustração foi extraída e adaptada de Wikipédia. **Bioma**. Disponível em: <http:pt.wikipedia.org/wiki/Bioma>. Acesso em: 28 jan. 2014.

SOBRE O AUTOR

Henrique Chupil é bacharel em Biologia pela Pontifícia Universidade Católica do Paraná (PUCPR) e mestre em Ecologia e Conservação pela Universidade Federal do Paraná (UFPR). Atua nas áreas de ecologia e conservação da fauna silvestre, com ênfase nos estudos comportamentais e ecológicos de aves. Apresenta experiência profissional no manejo de animais em cativeiro, triagem e recuperação de animais apreendidos, no monitoramento e inventariamento em campo da fauna silvestre, além de atuar como professor e orientador de trabalhos de conclusão de curso da graduação e pós-graduação.

Os papéis utilizados neste livro, certificados por instituições ambientais competentes, são recicláveis, provenientes de fontes renováveis e, portanto, um meio sustentável e natural de informação e conhecimento.

FSC
www.fsc.org
MISTO
Papel produzido
a partir de
fontes responsáveis
FSC® C057341

Impressão: Log&Print Gráfica & Logística S.A.
Julho/2021